Jacob
Zur Standortwahl der Unternehmungen

Diese Arbeit erschien zuerst in: Betriebswirtschaftliche Strukturfragen, Beiträge zur Morphologie von erwerbswirtschaftlichen Unternehmungen und Genossenschaften, Festschrift zum 65. Geburtstag von Reinhold Henzler, herausgegeben von Karl Alewell, Seiten 233—294.

Betriebswirtschaftlicher Verlag Dr. Th. Gabler, Wiesbaden 1967.

Zur Standortwahl der Unternehmungen

Von Dr. Herbert Jacob

o. Professor der Betriebswirtschaftslehre an der Universität Hamburg

Dritte, durchgesehene Auflage

Betriebswirtschaftlicher Verlag Dr. Th. Gabler · Wiesbaden

Dritte, durchgesehene Auflage

ISBN 978-3-322-94508-2   ISBN 978-3-322-94507-5 (eBook)
DOI 10.1007/978-3-322-94507-5

Inhaltsübersicht

I. Vorbemerkungen[1]

Als Standort eines Unternehmens sei im folgenden der geographische Ort bezeichnet, an dem das Unternehmen produziert, oder — allgemeiner ausgedrückt — seine Leistung erstellt; der Ort also, zu dem hin es die Produktionsfaktoren bringen muß, die im Prozeß der Leistungserstellung transformiert werden sollen, und von dem aus die Erzeugnisse an die Abnehmer herangebracht werden müssen. Die charakteristischen Merkmale eines Standortes sind die Relationen, die zwischen ihm als dem Domizil des Unternehmens und dem für das Unternehmen relevanten Märkten bestehen. Es handelt sich dabei nicht nur um Beschaffungs- und Verwertungsmärkte, sondern auch um den Kapital- und den Arbeitsmarkt[2].

Alle diese Relationen finden ihren Ausdruck zunächst einmal in den Transport- und Beschaffungskosten der benötigten Produktionsfaktoren und in den Versandkosten der erstellten Erzeugnisse. Es lag mithin nahe, die Frage nach dem günstigsten Standort als eine Kostenminimierungsaufgabe anzusehen[3]. Dabei wird freilich — bewußt oder unbewußt — vorausgesetzt, daß das Produktionsprogramm, und zwar nach Art u n d Menge, und die Methoden der Fertigung bereits festgelegt sind[4].

Für das Verhalten der Unternehmungen in einer Marktwirtschaft ist in der Regel das erwerbswirtschaftliche Prinzip maßgebend. Insbesondere werden sie versuchen, diesem Prinzip bei der Gestaltung des Produktionsprogrammes Rechnung zu tragen. Dies geschieht unter gleichzeitiger Berücksichtigung einmal der Kostenverhältnisse, zum andern der Absatzmöglichkeiten. Gerade diese Absatzmöglichkeiten hängen nun aber, sofern der Transport der Erzeugnisse zu den Abnehmern hin Kosten in relevanter Höhe verursacht, ebenfalls vom Standort des Unternehmens ab. Im Rahmen einer umfassenden Analyse erscheint es darum nicht zulässig, das Produktionsprogramm vor der Wahl des Standortes als bereits festgelegt vorauszusetzen. Standort und Produktionsprogramm sind vielmehr simultan festzulegen. Hinzu treten als weitere Größen, die zusammen mit den beiden soeben genannten bestimmt werden müssen — falls das Unternehmen seine Preisforderungen innerhalb

---

[1] Für ihre Hilfe beim Aufstellen und Durchrechnen der Zahlenbeispiele und manche wertvolle Anregungen dabei danke ich meinen Mitarbeitern Dipl.-Ing., Dipl.-Wirtschaftsing. Dieter Pressmar, Dipl.-Kfm. Horst Hollstein, Dipl.-Kfm. Klaus Thiemann, Dipl.-Kfm. Wolfram Ischebeck, Dipl.-Kfm. Eeuwout Verboom.

[2] R. Henzler, Die Marktunion. Eine betriebswirtschaftliche Wende, Köln und Opladen 1958, S. 27.

[3] So W. Launhardt, Die Bestimmung des zweckmäßigsten Standorts einer gewerblichen Anlage, Zeitschrift des VDI, Berlin 1882, Bd. 31, Heft 3; A. Weber, Über den Standort der Industrien, 2. Aufl., Tübingen 1922; T. Palander, Beiträge zur Standortstheorie, Uppsala 1935.

[4] Vgl. z. B. K. Chr. Behrens, Allgemeine Standortbestimmungslehre, Köln und Opladen 1961, S. 33, 34.

gewisser Grenzen autonom festlegen kann — die Verkaufspreise (allgemeiner: die Absatzanstrengungen) für die einzelnen Erzeugnisse. Sehr deutlich hat diese Interdependenz zwischen Preis, Nachfrage und Standort August Lösch in seinem grundlegenden Buche über „Die räumliche Ordnung der Wirtschaft" aufgezeigt[5]).

Letztlich ist es also der zukünftige Gewinn des Unternehmens, der von der Wahl des Standortes — unter Umständen entscheidend — abhängt, und nicht nur die eine oder andere Komponente dieses Gewinnes. Das Unternehmen wird bestrebt sein, den Standort zu finden, der den zu erwartenden Gewinn möglichst groß werden läßt. Diese Aussage bedarf einer gewissen Modifizierung, wenn man bedenkt, daß, um ein Unternehmen aufbauen und die Produktion durchführen zu können, Kapital eingesetzt werden muß, das, solange die Produktion aufrechterhalten wird, gebunden bleibt. Man wird folglich nur insoweit gewillt sein, Kapital zu investieren, als die letzte eingesetzte und auf die Dauer gebundene Kapitaleinheit noch einen zusätzlichen Gewinn in Höhe einer bestimmten vorgegebenen Mindestverzinsung zu erbringen verspricht. Für die Beurteilung eines Standortes ist mithin nicht der maximal dort erreichbare Gewinn maßgebend, sondern der Gewinn, der sich unter Beachtung des soeben dargelegten Rentabilitätsgesichtspunktes ergibt[6]). Dieser Umstand ist z. B. im Hinblick auf die Abgrenzung des Marktgebietes, den Umfang der Produktion usw. von Bedeutung. Er ist darum bei der Entwicklung entsprechender Entscheidungsmodelle zu beachten.

Die Tatsache nun, daß jede Verlagerung des Standortes nicht nur auf die Höhe der Kosten einwirkt, sondern auch — unter Berücksichtigung des erwerbswirtschaftlichen Prinzips — zu anderen Absatzmengen und Verkaufspreisen führt, macht es unmöglich, aus allen für ein Unternehmen geographisch möglichen Standorten den günstigsten auf direktem Wege herauszufinden. Was unter den vereinfachenden Annahmen Webers möglich war, nämlich den Transportkostenminimalpunkt geometrisch zu bestimmen, erweist sich dann, wenn auch die anderen Variablen: Produktionsprogramm und Verkaufspreise, in die Überlegungen mit einbezogen werden, als unmöglich. Tatsächlich stellt sich das Problem der Standortwahl in der Wirklichkeit auch gar nicht in dieser Breite. In der Regel werden für ein Unternehmen mit einem bestimmten Rahmenproduktionsprogramm sehr viele der an sich geographisch möglichen Standorte von vornherein nicht in Frage kommen.

---

[5]) A. Lösch, Die räumliche Ordnung der Wirtschaft, 3. unveränderte Auflage, Stuttgart 1962, S. 17 ff.

[6]) Im Falle der Eigenfinanzierung wird diese Grenze durch die Verzinsung gegeben, die bei einer anderen Anlage des Kapitals erreicht werden könnte. Dabei sind Unterschiede im Risiko gebührend zu berücksichtigen. Wie hoch solche Unterschiede jeweils einzuschätzen sind, durch welchen Auf- oder Abschlag zur durchschnittlichen Verzinsung sie zum Ausdruck gebracht werden sollen, hängt allein von dem subjektiven Urteil des Entscheidenden ab. Im Falle der Verwendung von Krediten wird die Rentabilitätsgrenze durch die effektiven Kosten des Kredites plus Risikozuschlag gegeben.

Man kann zwar eine Fabrik weitab von jeder menschlichen Ansiedlung aufbauen, man wird es aber nur dann tun, wenn zwingende Gründe dafür vorliegen. Aus der Menge aller möglichen geographischen Standorte wird sich
— z. B. schon im Hinblick auf den Faktor Arbeit — eine begrenzte Anzahl
herauskristallisieren, die ganz offensichtlich günstiger sind als die übrigen.
Das Problem der optimalen Standortwahl mündet damit in die Aufgabe ein,
die Gewinnwirksamkeit einer beschränkten Anzahl von Standorten zu unter-
suchen, jeden dieser Standorte durch eine bestimmte Gewinngröße zu charakterisieren und alsdann den Standort auszuwählen, der durch den höchsten
erwarteten Gewinn ausgezeichnet ist.

In dem nun folgenden zweiten Teil der Arbeit ist zunächst der Fall eines Einproduktunternehmens betrachtet, das einen und nur einen Standort sucht.
Die Analyse und ihre Ergebnisse lassen sich ohne besondere Komplikationen
auf den Fall des Mehrproduktunternehmens übertragen, wenn zwischen den
angebotenen Erzeugnissen weder auf der Kosten- noch auf der Absatzseite
Verflechtungen bestehen. Liegen dagegen solche Verflechtungen vor, so läßt
sich mit Hilfe der in Teil II beschriebenen Methoden im allgemeinen keine
befriedigende Lösung erzielen. Als auch hier anwendbar erweisen sich jedoch
Lösungsansätze, die später aus einer etwas anderen Fragestellung heraus
entwickelt werden und in Teil III B dargestellt sind.

Der dritte Teil der Arbeit ist dem Problem der Standortspaltung gewidmet,
der Frage also, ob es für ein Unternehmen günstiger ist, seine Produktion,
statt sie an einem Platz zu konzentrieren, an mehreren Orten gleichzeitig
durchzuführen, d. h. mehrere Betriebe zu errichten. Diese Frage wird untersucht einmal im Hinblick auf die Einproduktfirma, zum andern für ein Unternehmen, das (zum Teil) auf den gleichen Anlagen eine Reihe verschieden-
artiger Erzeugnisse herzustellen gedenkt. Dabei zeigt es sich, daß gerade
diese Fragestellung eine dynamische Betrachtung des Standortproblems ermöglicht und nahelegt. In Teil III, Abschnitt A 3, S. 268 ff. und anhand des
Zahlenbeispiels in Abschnitt A 4b, S. 274 ff. ist darauf näher eingegangen.

II. Die Bestimmung des optimalen Standortes bei örtlich konzentrierter Produktion

1. Ausgangssituation - Preispolitische Verhaltensmöglichkeiten

Wir betrachten ein Unternehmen, das ein einziges Erzeugnis herstellt und die
Produktion dieses Erzeugnisses an einem Ort zu konzentrieren gedenkt. Damit
sind bereits zwei wesentliche Entscheidungen gefallen:

1. Es liegt fest, was produziert werden soll.

2. Eine Standortspaltung ist ausgeschlossen, und zwar auch dann, wenn sie im Hinblick auf die Zielsetzung des Unternehmens vorteilhaft wäre[7]).

Es bleibt die Aufgabe, ausgehend von einem bestimmten Standort, die für diesen Standort optimale Absatzmenge und den optimalen Verkaufspreis (bzw. die optimalen Verkaufspreise) zu bestimmen und „seinen" Gewinnwert zu errechnen. Dies hat für alle vorab ausgewählten möglichen Standorte zu geschehen.

Mit der Bestimmung der optimalen Absatzmenge und der optimalen Verkaufspreise ist gleichzeitig das Marktgebiet abgegrenzt, in dem das Unternehmen von dem betrachteten Standort aus sein(e) Erzeugnis(se) absetzen und, falls erforderlich, mit Anbietern ähnlicher Erzeugnisse konkurrieren wird.

Im folgenden seien drei mögliche Formen der Preispolitik auf Gebietsmärkten unterstellt:

1. Das Unternehmen folgt streng dem Prinzip der Gewinnmaximierung; es differenziert dort, wo es möglich ist, seine Preise entsprechend.
2. Das Unternehmen stellt seinen Abnehmern einen einheitlichen Preis ab Werk zuzüglich der von Abnehmer zu Abnehmer variierenden Transportkosten in Rechnung.
3. Das Unternehmen verlangt, unabhängig von den räumlichen Gegebenheiten, von jedem Abnehmer den gleichen Preis.

Diese drei Formen der Preispolitik auf Gebietsmärkten können als repräsentativ auch für die übrigen Formen angesehen werden; es genügt darum, sie zu betrachten.

2. Ermittlung des Gewinnwertes eines Standorts bei gewinnmaximaler Preispolitik

Der Gesamtmarkt eines Unternehmens bestehe aus mehreren voneinander isolierten Teilmärkten. „Isoliert" bedeutet hier, daß bei den von Teilmarkt zu Teilmarkt auftretenden Preisunterschieden in keinem Falle Nachfrager des einen Teilmarktes zu einem anderen Teilmarkt überwechseln. Nachfrager, die zum Teilmarkt 1 gehören, kaufen stets auf diesem Teilmarkt. Will das Unternehmen sein Gewinnmaximum realisieren, so muß es auf jedem dieser Teilmärkte den Cournotschen Preis verlangen. Bei der Ermittlung dieses Preises sind den Grenzkosten der Produktion die jeweiligen für den betrachteten Teilmarkt charakteristischen Transportkosten pro Erzeugniseinheit zuzuschlagen[8]).

---

[7]) Bezeichnen wir eine solche Situation als Fall 1, dann ist der in Abschnitt II 5 betrachtete Fall 2 dadurch gekennzeichnet, daß in gewissem Umfange auch die Entscheidung 1 noch zu treffen ist. Im Fall 3 (Abschnitt III A) wird die Entscheidung 2 und im Fall 4 (Abschnitt III B) schließlich werden beide Entscheidungen als noch nicht getroffen, sondern im Zuge der Standortüberlegungen mitzubestimmen angesehen.

[8]) Vgl. hierzu z. B. E. M. Hoover, Spatial Price Discrimination, Review of Economic Studies, Juni 1937, S. 182 ff.; H. Jacob, Preispolitik, Wiesbaden 1963, S. 88 ff.

Die Abgrenzung des Marktgebietes, das zu beliefern für das Unternehmen von dem betrachteten Standort aus gesehen vorteilhaft ist, kommt hier dadurch zustande, daß für zu weit entfernt liegende Teilmärkte die Grenzkostenkurve (Grenzkosten der Produktion plus Stücktransportkosten) von Anfang an über der Grenzerlöskurve verläuft, so daß kein Cournotscher Preis zustande kommt.

Wie in Abschnitt I dargelegt, wird ein Unternehmen seinen Gesamtabsatz — und damit den Absatz auf den Teilmärkten — so festlegen, daß der Ertrag der letzten verkauften Einheit eine bestimmte vorgegebene Rentabilitätsgrenze nicht unterschreitet. Die Summe der Cournotschen Mengen auf den Teilmärkten ist nur dann mit dieser unter dem genannten Rentabilitätsgesichtspunkt optimalen Gesamtausbringung identisch, wenn in die Grenzkosten kalkulatorische Zinsen einbezogen werden. Im folgenden sei dies nicht angenommen; die im obigen Sinne optimale Gesamtausbringung — und die entsprechende Marktabgrenzung — sei vielmehr unter der Voraussetzung zu ermitteln, daß in den Grenzkosten keine kalkulatorischen Zinsen enthalten sind. Auf diese Weise lassen sich die relevanten Zusammenhänge klarer herausarbeiten.

Auszugehen ist von den Grenzerlöskurven der einzelnen Teilmärkte h ($E'_h(x_h)$ für h = 1, 2, . . ., n).

Von den Grenzerlöskurven sind die dem entsprechenden Teilmarkt zuzuordnenden stückkonstanten Transportkosten (= Grenztransportkosten) T'_h abzuziehen. Wir erhalten auf diese Weise die modifizierten Grenzerlöskurven der Teilmärkte:

(1) $$\hat{E}'_h(x_h) = E'_h(x_h) - T'_h$$

Durch Horizontaladdition der Funktionen $\hat{E}'_h(x_h)$ ergibt sich die aggregierte modifizierte Gesamtgrenzerlösfunktion des Unternehmens $\hat{E}'(x)$. Horizontaladdition bedeutet, daß jeweils die Wertgruppen der x_h, die zu gleichen Werten $\hat{E}'_h(x_h)$ führen, aufsummiert und dem entsprechenden modifizierten Grenzerlöswert gegenübergestellt werden[9]). Von der Funktion $\hat{E}'(x)$ ist die Grenzkostenfunktion des Unternehmens $K'(x)$ (Grenzkosten der Produktion) abzuziehen; wir erhalten die Grenzgewinnfunktion des Unternehmens

(2) $$G'(x) = \hat{E}'(x) - K'(x)$$

Nehmen wir einen eindeutigen Zusammenhang zwischen der Gesamtausbringung x und dem dazu erforderlichen Kapitaleinsatz C an, also C = C(x) bzw. die Umkehrfunktion x = x(C), so läßt sich der Grenzgewinn auch in Abhängigkeit vom Kapitaleinsatz ausdrücken. Diese Funktion sei mit $G'[x(C)]$ bezeichnet.

---

[9]) Beispiel: Für x_1 = 30 und x_2 = 50 seien $\hat{E}'_1 = \hat{E}'_2 = 10$. Damit ist der Punkt (10; 80) der Funktion $\hat{E}'$ gegeben.

Aus der Forderung, daß die Rentabilität der letzten eingesetzten Kapitaleinheit eine bestimmte vorgegebene Rentabilitätsgrenze (i_0) nicht unterschreiten soll, läßt sich die Bestimmungsgleichung

$$(3) \qquad \frac{dG[x(C)]}{dC} = G'[x(C)] = i_0$$

ableiten. Aus der Gleichung (3) kann nun die im Sinne der oben genannten Zielsetzung optimale Ausbringung pro Periode (x_{opt}) errechnet werden. Die Menge x_{opt} ist so auf die Teilmärkte zu verteilen, daß die modifizierten Grenzerlöse auf allen n Teilmärkten einander gleich sind, d. h. es muß gelten:

$$(4a) \qquad \hat{E}'_1(x_1) = \hat{E}'_2(x_2) = \ldots = \hat{E}'_n(x_n)$$

und

$$(4b) \qquad \sum_h x_h = x_{opt} \qquad (h = 1, 2, \ldots n).$$

Damit ist auch das Marktgebiet eindeutig abgegrenzt: Es steht fest, welche Teilmärkte beliefert und welche nicht beliefert werden sollen. Mit den Mengen, die auf den einzelnen Teilmärkten abgesetzt werden sollen, sind ferner über die gegebenen Preisabsatzfunktionen auch die Preise auf den einzelnen Teilmärkten bestimmt, die das Unternehmen zu fordern hat, und damit die zu erwartenden Bruttogewinne. Die Summe der Bruttogewinne auf den Teilmärkten abzüglich der vom jeweiligen Standort abhängigen fixen Kosten kennzeichnet die Qualität des Standortes. Das Unternehmen wird den Standort bevorzugen, für den der Gesamtgewinn am höchsten liegt.

Die gleiche Analyse ist anwendbar, wenn das Unternehmen auf seinen Teilmärkten mit anderen Anbietern konkurrieren muß. Die Konkurrenzverhältnisse können von Teilmarkt zu Teilmarkt verschieden sein[10]). Sie kommen in den Preisabsatzfunktionen zum Ausdruck. Da es vom Standort abhängt, welche Teilmärkte das Unternehmen zu beliefern gedenkt, ist letztlich auch der Druck der Konkurrenz, dem es sich ausgesetzt sieht, von der Wahl des Standortes abhängig. Treten auf einem Teilmarkt neue Konkurrenten auf, so verschiebt sich die Preis-Absatz-Funktion des Unternehmens nach links unten. Insbesondere bei weiter entfernt liegenden Märkten kann dann der Fall eintreten, daß die Grenzerlöskurve in ihrem Gesamtverlauf unter die Grenzkostenkurve gerückt wird und ein Cournotscher Preis nicht mehr zustande kommt. Das Auftreten verstärkter Konkurrenz hat dann zum Verlust des Teilmarktes, d. h. zur Einengung des eigenen Marktgebietes geführt.

3. Der Gewinnwert eines Standorts bei einheitlichen „Ab-Werk"-Preisen plus Transportkosten

Es sei jetzt der Fall betrachtet, daß das Unternehmen seinen Abnehmern einen einheitlichen Preis ab Werk zuzüglich der jeweils effektiv anfallenden

---

[10]) Während das Unternehmen beispielsweise auf dem Teilmarkt 1 mit wenigen konkurriert (Oligopol), steht es auf dem Teilmarkt 2 mit vielen im Wettbewerb (Polypol). Auf dem Teilmarkt 3 ist es alleiniger Anbieter. Auf die Besonderheiten der Oligopolsituation sei hier nicht eingegangen.

Transportkosten in Rechnung zu stellen gedenkt. Auch hier bestehe der Gesamtmarkt aus Teilmärkten; dabei kann es sich jedoch auch — bei einem zusammenhängenden Gesamtmarktgebiet — um ringförmige Gebiete gleicher Transportkostenintervalle handeln, die konzentrisch um den Standort des Unternehmens angeordnet sind (vgl. *Abbildung 1).*

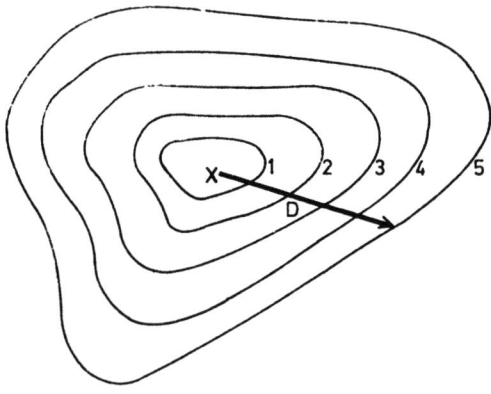

Abb. 1

Um den für den betrachteten Standort charakteristischen Gewinnwert ermitteln zu können, muß zunächst der optimale Preis ab Werk bestimmt werden. Dies kann in folgender Weise geschehen.

Gegeben seien die Preis-Absatz-Funktionen der Teilmärkte:

$$P_h = f_h(x_h) \ ^{11}).$$

Sie sind um die jeweiligen Stücktransportkosten T_h nach unten zu verschieben. Die so gewonnenen „transformierten" Preis-Absatz-Funktionen müssen nun horizontal addiert werden[12].

Die sich ergebende aggregierte transformierte Preis-Absatz-Funktion zeigt, wie der Absatz des Unternehmens mit dem Preis ab Werk variiert. Zu dieser Funktion ist die Grenzerlöskurve zu bestimmen. Durch Subtraktion der Grenzkostenkurve (Grenzkosten der Produktion) von dieser Grenzerlöskurve erhält man die Grenzgewinnkurve des Unternehmens $G'(x)$ und daraus, wie in Abschnitt II 2 bereits beschrieben, die Kurve des Grenzgewinns in Abhängigkeit vom Kapitaleinsatz $G'[x(C)]$.

---

[11] Da die Standortwahl eine langfristig wirksame Maßnahme ist, müssen die für die weitere Zukunft erwarteten durchschnittlichen Absatzverhältnisse der Betrachtung zugrunde gelegt werden. Vgl. hierzu insbesondere die Ausführungen in Abschnitt III A 4 b über die Möglichkeit einer dynamischen Betrachtung des Standortproblems.

[12] Vgl. hierzu insbesondere E. Schneider, Bemerkungen zu einer Theorie der Raumwirtschaft, Econometrica, 1935, Vol. III, S. 80 ff.

Aus der Bestimmungsgleichung $G'[x(C)] = i_0$ läßt sich die unter Berücksichtigung des oben dargelegten Rentabilitätsgesichtspunktes optimale Ausbringungsmenge pro Periode x_{opt} errechnen. Durch x_{opt} ist der zugehörige optimale Preis ab Werk p_{opt} eindeutig determiniert. Werden nun auf den einzelnen Teilmärkten Preise verlangt, die sich aus diesem optimalen Preis ab Werk und den jeweils anfallenden Transportkosten zusammensetzen, so wird insgesamt gerade die Menge x_{opt} abgesetzt. Es können nun die Gewinne auf den einzelnen Teilmärkten ermittelt und unter Berücksichtigung der fixen Kosten zu dem für den Standort charakteristischen Gewinnwert zusammengefaßt werden.

Für die das Marktgebiet begrenzenden Teilmärkte (bzw. den begrenzenden Teilmarktring) gilt, daß hier der Preis ab Werk zuzüglich der Transportkosten gerade dem prohibitiven Preis entspricht.

Die Konkurrenzverhältnisse kommen auch hier wieder in den Preis-Absatz-Funktionen der Teilmärkte zum Ausdruck. Verschärfte Konkurrenz bedeutet Verschiebung der Preis-Absatz-Funktion des betreffenden Teilmarktes nach unten. Wird dabei der prohibitive Preis unter den Preis ab Werk zuzüglich der Transportkosten gedrückt, so verliert das Unternehmen diesen Teilmarkt, sein Marktgebiet wird eingeengt.

4. Die Bestimmung des Gewinnwertes eines Standorts bei einheitlichen Verkaufspreisen im gesamten Marktgebiet

Wie ist vorzugehen, wie läßt sich das Marktgebiet und der für den Standort charakteristische Gewinnwert bestimmen, wenn das Unternehmen sein Erzeugnis, unabhängig von den räumlichen Gegebenheiten, jedem Abnehmer zum gleichen Preise anbietet?

a) Graphische Lösung

Für die folgende Betrachtung ist es gleichgültig, ob das Gesamtmarktgebiet in (mehr oder weniger gut voneinander isolierte) Teilmärkte aufgespalten ist. Um den vorgegebenen Standort werden Linien gleicher Transportkosten gezogen (siehe Abbildung 1) und dadurch das Gesamtmarktgebiet in „Teilmärkte" aufgespalten. Daß diese „Teilmärkte" nicht voneinander isoliert sind, ist hier irrelevant, da Preisunterschiede gemäß Voraussetzung nicht auftreten können.

Betrachten wir zunächst das Marktgebiet, das durch die erste dieser Transportkostenlinien begrenzt wird. Für dieses Marktgebiet läßt sich eine Preis-Absatz-Funktion angeben. Sie entspreche der Preis-Absatz-Funktion N_1 in der *Abbildung 2*. Auch für das Marktgebiet 2, begrenzt durch die Transportkostenlinie 2, existiert eine ähnliche Preis-Absatz-Kurve. Sie unterscheidet sich wegen der größeren Ausdehnung des Gebietes 2 (das das Gebiet 1 mitumfaßt) von der Preis-Absatz-Funktion N_1 durch eine geringere Neigung. In der Abbildung 2 ist die Preis-Absatz-Funktion des Marktgebietes 2 durch die Kurve N_2 wiedergegeben. In ähnlicher Weise gehören die Preis-Absatz-Funktionen N_3, N_4 usw. zu den durch die entsprechenden Transportkostenlinien 3, 4 usw. begrenzten Marktgebieten. Je weiter ausgedehnt das Marktgebiet ist, um so flacher geneigt verläuft die zugehörige Preis-Absatz-Funktion. Die Grenzlinie der Preis-Absatz-Kurven ist eine Parallele zur Abszissenachse etwa in Höhe des Prohibitivpreises P_0.

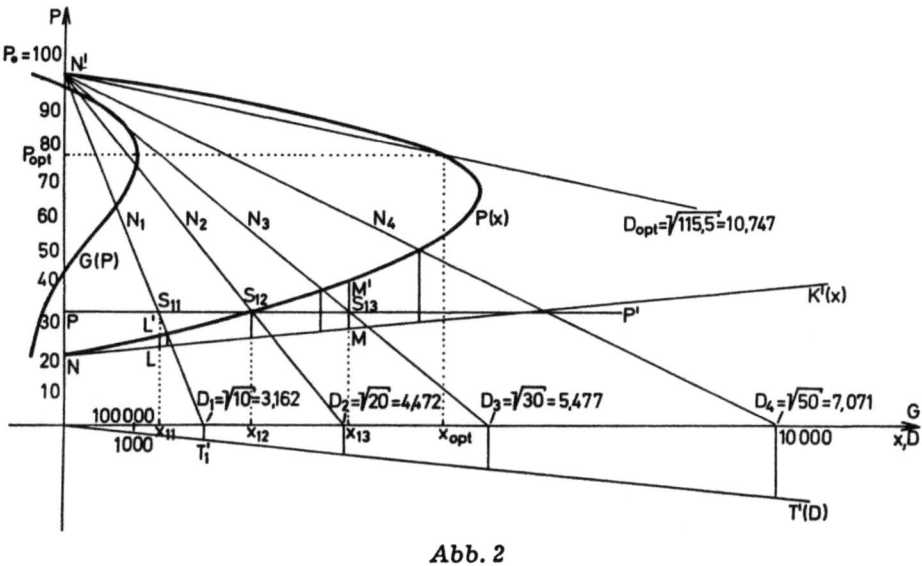

Abb. 2

Es stellt sich die Frage, welche Ausdehnung des Marktgebietes im Hinblick auf die Zielsetzung des Unternehmens optimal ist.

Wir nehmen, um die Untersuchung zu vereinfachen, zunächst an, der vom Unternehmen zu fordernde einheitliche Preis P sei bereits bestimmt. Er entspreche der waagerecht verlaufenden Linie PP' der Abbildung 2. Die Grenze des unter dieser Voraussetzung gewinnoptimalen Marktgebietes liegt nun dort, wo die Grenzkosten der Produktion zuzüglich der Grenzkosten des Transports (Transportkosten der letzten Einheit) gerade diesem vorgegebenen Einheitspreis entsprechen. Diese Grenze soll im folgenden zunächst graphisch bestimmt werden.

In dem unteren Quadranten der Abbildung 2 sind die Transportkosten pro Stück in Abhängigkeit von D aufgezeichnet. D bedeutet die Entfernung zwischen Standort und Grenze des Marktgebietes — wobei das Marktgebiet jeweils von einer bestimmten Transportkostenlinie umgrenzt wird —, gemessen in einer bestimmten, in einem konkreten Falle jeweils gleichen Richtung (vgl. Abbildung 1). Die Abszissenachse (Abbildung 2) mißt somit einmal die

Entfernung D, und zwar in einem quadratischen Maßstab für die Kurve des unteren Quadranten, zum anderen die Ausbringungsmenge x für die Kurven des oberen Quadranten. In diesen oberen Quadranten sind schließlich noch die Grenzkosten der Produktion (in Abhängigkeit von der Ausbringungsmenge x) eingezeichnet.

Wie bereits erwähnt, gilt jede der in Abbildung 2 gezeichneten Preis-Absatz-Kurven für eine bestimmte Ausdehnung des Marktgebietes. Diese Ausdehnung wird durch D gemessen. Die Preis-Absatz-Kurve einer bestimmten Marktausdehnung schneidet die Abszissenachse bei dem D-Wert, der das Maß für gerade diese Marktausdehnung ist. Die Preis-Absatz-Kurve N_2 beispielsweise gilt bei einer Ausdehnung des Marktgebietes, die durch $D = 4{,}47$ charakterisiert ist. Das bedeutet gleichzeitig: die Höhe der Transportkosten bis zur Grenze dieses Marktgebietes wird durch den zu $D = 4{,}47$ gehörenden Wert der Grenztransportkostenkurve $T'(D)$ gegeben.

Die Linie des vorgegebenen einheitlichen Preises PP' schneidet die Preis-Absatz-Funktion N_1 im Punkte S_{11} beim Abszissenwert x_{11}. Würde diese Ausbringung realisiert, so entstünden dem Unternehmen Gesamtgrenzkosten in Höhe der Strecke x_{11} L', die sich aus den Grenzkosten der Produktion x_{11}L und den Stücktransportkosten bis zur Grenze des Marktgebietes $D_1T'_1$ zusammensetzen. Diese Grenzkosten liegen unter dem vorgegebenen Einheitspreis. Eine Ausdehnung des Marktgebietes wäre folglich für das Unternehmen vorteilhaft. Wir betrachten darum im nächsten Schritt die dem größeren Marktgebiet D_3 entsprechende Preis-Absatz-Funktion N_3. Von der Linie des vorgegebenen einheitlichen Preises PP' wird sie im Punkte S_{13} geschnitten. Der zugehörigen Menge x_{13} entsprechen Grenzkosten der Produktion in Höhe von x_{13}M und Grenztransportkosten in Höhe von MM', gegeben durch den Wert der Grenztransportkostenkurve $T'(D)$ für $D = D_3$. Diese Gesamtgrenzkosten, wiedergegeben durch die Strecke x_{13}M', liegen höher als der vorgegebene Einheitspreis P. Das heißt: Das Unternehmen könnte seinen Gewinn erhöhen, wenn es das belieferte Marktgebiet verkleinerte. Es möge als Gebietsgrenze nunmehr die Iso-Transportkostenlinie 2 (vgl. Abbildung 1) gewählt werden. Zum Marktgebiet mit der Ausdehnung D_2 gehört die Preis-Absatz-Funktion N_2; sie wird von der vorgegebenen Preislinie im Punkte S_{12} geschnitten. Die Summe der Grenzproduktionskosten bei der Ausbringung x_{12} und der Grenz-Transportkosten für $D = D_2$ entspricht nunmehr gerade dem vorgegebenen Einheitspreis. Damit ist die in der betrachteten Situation optimale Ausdehnung des Marktgebietes gefunden. Verlangt das Unternehmen von seinen Abnehmern einen Preis in Höhe von P_2, so erzielt es den höchstmöglichen Gewinn dann, wenn es als Grenze seines Marktgebietes die Iso-Transportkostenlinie 2 ansieht, d. h. ein Marktgebiet mit der Ausdehnung D_2 beliefert. Es wird in diesem Gebiet zum Preise P_2 die Menge x_{12} absetzen.

In gleicher Weise läßt sich zu jedem vorgegebenen Einheitspreis die zugehörige optimale Marktausdehnung — und damit die abzusetzende Menge x — bestimmen. Verbinden wir diese Optimalpunkte, so ergibt sich die Kurve NN', die Kurve der optimalen Marktausdehnung in Abhängigkeit von dem (einheitlichen) Verkaufspreis P. Die Kurve NN′ kann als eine Preis-Absatz-Funktion besonderer Art aufgefaßt werden: Sie verknüpft P und x unter der Voraussetzung, daß jeweils die optimale Ausdehnung des Marktgebietes verwirklicht ist.

Während im Falle einer gewinnmaximalen Differenzierung der Preise[13]), ferner beim Fordern von Preisen, die sich aus einem einheitlichen „Ab-Werk"-Preis zuzüglich der jeweils effektiv anfallenden Transportkosten zusammensetzen, die Abgrenzung des Marktgebietes automatisch zustande kommt — zu weit entfernt wohnende präsumtive Konsumenten kaufen nicht, weil ihnen der geforderte Preis zu hoch ist —, steht das Unternehmen im Falle eines einheitlichen Verkaufspreises vor der Aufgabe, selbst die optimale Ausdehnung seines Marktgebietes zu ermitteln und dadurch zu verwirklichen, daß es Nachfrager, die jenseits der als optimal erkannten Grenzen wohnen, zu dem geforderten Verkaufspreis aber durchaus gewillt sind zu kaufen, nicht beliefert. Die optimale Ausdehnung des Marktgebietes wird in diesem Falle nicht automatisch erreicht, ihre Verwirklichung setzt vielmehr voraus, daß das Unternehmen die seiner Zielsetzung adäquaten Marktgrenzen erkennt und sich dann entsprechend verhält.

Es stellt sich nun die Frage, welcher Preis gewählt werden muß, damit das Unternehmen den höchstmöglichen Gewinn erzielt. Wie schon angedeutet, kann die Kurve der optimalen Marktausdehnung als eine Preis-Absatz-Funktion aufgefaßt werden. Durch Multiplikation der jeweils zugehörigen x- und P-Werte läßt sich aus ihr mithin die Gesamtumsatzkurve des Unternehmens ableiten. In *Abbildung 3* sind diese Gesamtumsätze des Unternehmens in Abhängigkeit von dem jeweils geforderten Verkaufspreis P dargestellt.

Liegen P und x fest, so sind auch die beim Absatz der Menge x insgesamt anfallenden Transportkosten eindeutig bestimmt. Sie stellen eine Funktion von x und P dar, wobei x und P als voneinander unabhängige Größen aufzufassen sind. Dieser Sachverhalt läßt sich relativ einfach anhand folgender Überlegung verdeutlichen: Sollen bei einem vorgegebenen Preise P jeweils höhere Mengen abgesetzt werden, so kann dies im Zuge einer Ausdehnung des belieferten Marktgebietes geschehen; x kann unabhängig von P variiert werden. Die Gesamttransportkosten werden in diesem Falle — bei gleichem P — überproportional mit der abzusetzenden Menge x steigen. Entsprechendes gilt, wenn jeweils die gleiche Menge x abgesetzt werden soll, der Verkaufspreis aber laufend erhöht wird. Ein Heraufsetzen des Preises hat zur Folge, daß in dem bisher belieferten Marktgebiet weniger verkauft werden kann als zuvor. Soll dennoch die gleiche Menge abgesetzt werden, so kann dies nur im Zuge einer Ausdehnung des zu beliefernden Marktgebietes geschehen, d. h. die Transportkosten werden mit steigenden Preisen steigen.

---

[13]) Vgl. Abschnitt II 2.

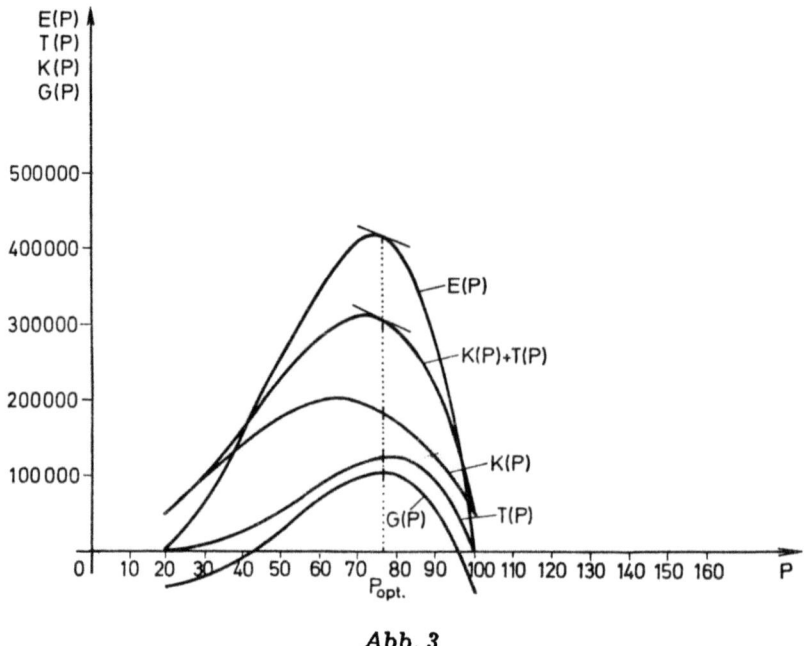

Abb. 3

Da über die Kurve der optimalen Marktausdehnung (Kurve NN' der Abbildung 2) jedem P-Wert ein bestimmter x-Wert zugeordnet ist, kann jedem P-Wert auch ein eindeutiger Wert der Gesamttransportkostenfunktion zugeordnet werden. Wir erhalten auf diese Weise die Gesamttransportkostenkurve T (P) der Abbildung 3. Die Gesamtproduktionskosten sind allein abhängig von x. Auch sie lassen sich aber wegen der über die Kurve der optimalen Marktausdehnung bewirkten eindeutigen Verknüpfung der x- mit den P-Werten in Abhängigkeit von P darstellen. In der Abbildung 3 sind die Gesamtproduktionskosten durch die Kurve K (P) wiedergegeben. Die Kurve K(P)+T(P) schließlich stellt die Gesamtkosten in Abhängigkeit von P dar. Wie aus der Abbildung 3 leicht zu ersehen ist, wird das Unternehmen den höchsten Gewinn dann erzielen, wenn es den Preis P_{opt} fordert, den Preis, bei dem die Erlöskurve und die Gesamtkostenkurve die gleiche Neigung aufweisen. Zu diesem Preis gehört, wie aus Abbildung 2 hervorgeht, ein Marktgebiet mit der Ausdehnung $D_{opt} = 10,747$. In diesem Marktgebiet, begrenzt durch die zu D_{opt} gehörende Transportkostenkurve, wird das Unternehmen die Menge x = x_{opt} (siehe Abbildung 2) absetzen[14].

In der Regel sind die Produktionskosten als abhängig von x, d. h. in der Form K = K(x), gegeben. Im folgenden sei kurz beschrieben, wie sich auf graphischem Wege aus K(x) die gewünschte Kostenkurve K(P) konstruieren läßt. Wir betrachten hierzu die *Abbildung 4*.

---

[14]) Die Kurven der Abbildungen 2 und 3 stimmen mit dem später durchgerechneten Zahlenbeispiel überein. Hier wie auch dort ist die gleiche konkrete Situation unterstellt.

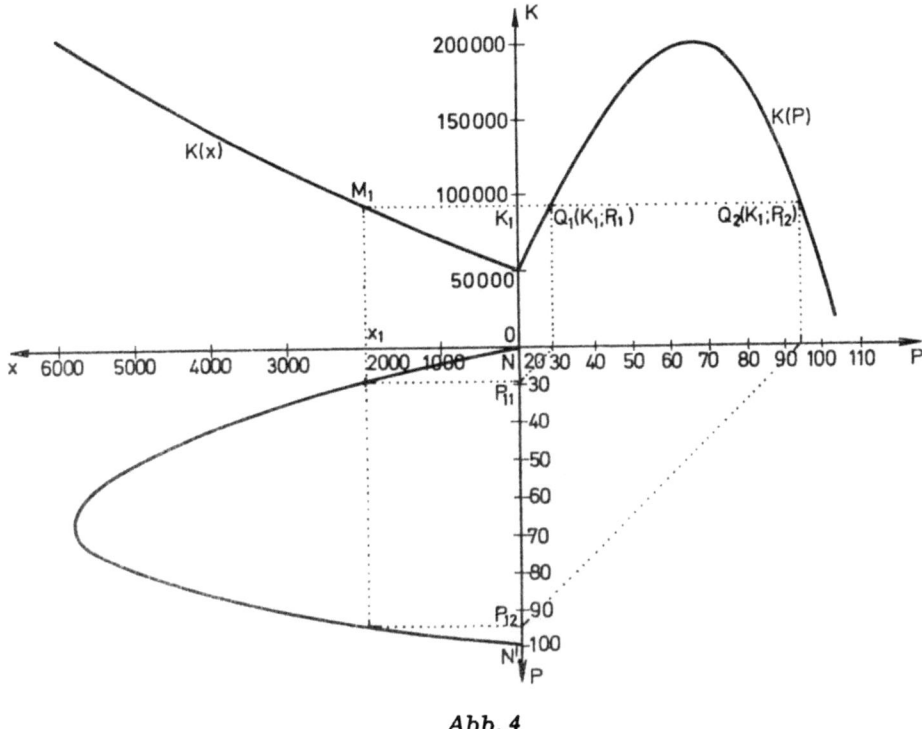

Abb. 4

Im zweiten Quadranten der Abbildung 4 ist die gegebene Kostenkurve K(x) eingezeichnet. Der dritte Quadrant enthält die Kurve der optimalen Marktausdehnung NN', übernommen aus der Abbildung 2. Im ersten Quadranten schließlich soll die gewünschte Kostenkurve K(P) konstruiert werden. Wir beginnen mit dem Punkt M_1 der Kostenkurve K(x) im zweiten Quadranten. M_1 sei durch die Koordinatenwerte $(K_1; x_1)$ gekennzeichnet. Durch die Kurve NN' sind x_1 die beiden P-Werte P_{11} und P_{12} zugeordnet. Diese P-Werte sind auf die Abszissenachse des ersten Quadranten zu übertragen. Der zugehörige Kostenwert ist K_1. Wir erhalten auf diese Weise die beiden Punkte $Q_1 (K_1; P_{11})$ und $Q_2(K_1; P_{12})$ der gesuchten Kurve K(P). In gleicher Weise lassen sich weitere Punkte konstruieren und schließlich die gesuchte Kurve K(P) zeichnen.

Die soeben ermittelten Größen P_{opt}, x_{opt}, D_{opt} charakterisieren das absolute Gewinnmaximum; dabei sind Rentabilitätsgesichtspunkte außer acht gelassen. Sollen sie berücksichtigt werden (vgl. hierzu Abschnitt II, S. 237 ff.), so bedarf es einer entsprechenden Modifizierung und Ergänzung der bisher angestellten Überlegungen:

Aus den Kurven der Abbildung 3 ist durch Subtraktion der Gesamtkosten von den Erlösen zunächst die Gewinnfunktion G(P) und in einem weiteren Schritt die Gewinnfunktion G(x) abzuleiten. Unter der Voraussetzung, daß ein eindeutiger Zusammenhang zwischen der Gesamtausbringung x und dem eingesetzten Kapital C besteht, also die Funktion C = C(x) bzw. x = x(C) existiert, kann der Gewinn als Funktion des Kapitaleinsatzes $G = G[x(C)]$ aufgefaßt werden. Aus der Forderung, daß die letzte eingesetzte Kapitaleinheit mindestens einen Gewinn in Höhe von i_o Geldeinheiten erbringt, folgt die Bestimmungsgleichung

$$\frac{dG[x(C)]}{dC} = G'[x(C)] = i_o.$$

Aus ihr läßt sich die unter der genannten Zielsetzung optimale Ausbringung pro Periode x_{opt} ausrechnen. Zu x_{opt} gehört ein bestimmter P-Wert (siehe Abbildung 2; von den x_{opt} zugeordneten zwei P-Werten ist der durch den höheren Gewinn charakterisierte auszuwählen). Damit ist gleichzeitig der für den betrachteten Standort charakteristische Gewinnwert gefunden. Mit x_{opt} und P_{opt} ist schließlich auch die im Hinblick auf die genannte Zielsetzung optimale Ausdehnung des Marktgebietes determiniert (vgl. Abbildung 2).

b) Analytische Lösung

Analytisch läßt sich das hier behandelte Problem folgendermaßen darstellen und lösen:

(5)
$$G(x,P) = P \cdot x - T(x,P) - K(x)$$
$$\text{Erlöse} \quad \text{Transport-} \quad \text{Produktions-}$$
$$\text{kosten} \quad \text{kosten}$$

Die Größen x und P sind voneinander unabhängig, sie können unabhängig voneinander variiert werden: Soll die Absatzmenge x bei gleichem Preis P vergrößert werden, so kann dies dadurch geschehen, daß das Marktgebiet entsprechend ausgedehnt wird. Zu x und P tritt als gleich bedeutsam die Marktausdehnung D hinzu. Erst dann, wenn zwei dieser Größen festliegen, ist auch die dritte fixiert.

Die Transportkosten T sind nicht nur von x, sondern auch von P abhängig. Wie schon angedeutet, steigen die Transportkosten, wenn bei gleicher Absatzmenge der Verkaufspreis erhöht wird: Die gleiche Menge läßt sich bei höherem Verkaufspreis nur dann absetzen, wenn das Marktgebiet entsprechend erweitert wird.

Die Produktionskosten K sind demgegenüber allein eine Funktion der produzierten (= abgesetzten) Menge x.

Die Aufgabe besteht nun darin, x und P so festzusetzen, daß G zu einem Maximum wird. Wir differenzieren zu diesem Zwecke die Gleichung (5) partiell nach x und P und erhalten:

(6a)
$$\frac{\delta G}{\delta x} = P - \frac{\delta T}{\delta x} - \frac{dK}{dx}$$

(6b)
$$\frac{\delta G}{\delta P} = x - \frac{\delta T}{\delta P}$$

Durch Nullsetzen der beiden partiellen Ableitungen ergeben sich zwei Bestimmungsgleichungen, aus denen die gewinnoptimalen Werte für P und x errechnet werden können.

Eine besondere Bedeutung kommt der aus der partiellen Ableitung (6a) gewonnenen Bestimmungsgleichung zu: Sie beschreibt die Kurve der optimalen Marktausdehnung. Unter Berücksichtigung des Rentabilitätsgesichtspunktes ist von der Bestimmungsgleichung

$$(7) \qquad P = \frac{\delta T}{\delta x} + \frac{dK}{dx}$$

auszugehen. Sie gibt an, welche Menge x abgesetzt werden muß, um bei einem bestimmten vorgegebenen Preise P einen möglichst hohen Gewinn zu erzielen. Die durch die Gleichung (7) gegebenen Wertepaare von x und P sind in die Gewinngleichung G(x, P) einzusetzen. Der Gewinn wird damit allein zu einer Funktion von P oder allein zu einer Funktion von x. Aus G(x) läßt sich, vorausgesetzt, daß die Kapitaleinsatzfunktion C(x) bekannt ist, die Gewinnkapitalfunktion G[x(C)] ableiten. Die erste Ableitung dieser Funktion nach C gleich i_0 gesetzt, liefert die Bestimmungsgleichung

$$\frac{dG[x(C)]}{dC} = G'[x(C)] = i_0$$

aus der $x_{r,opt}$, d. h. die Absatzmenge, bei der die letzte eingesetzte Kapitaleinheit gerade noch einen Gewinn in der vorgegebenen Höhe i_0 erbringt, errechnet werden kann. $x_{r,opt}$ in die Gleichung (7) eingesetzt, führt zum rentabilitätsoptimalen Preise $P_{r,opt}$; durch $x_{r,opt}$ und $P_{r,opt}$ ist dann auch die rentabilitätsoptimale Marktausdehnung $D_{r,opt}$ determiniert. $x_{r,opt}$ und $P_{r,opt}$ in die Gewinngleichung (5) eingesetzt, führen zu dem den betrachteten Standort charakterisierenden Gewinnwert.

Das folgende Beispiel möge diese Darlegungen veranschaulichen. Wir gehen von einer Transportkostenfunktion aus, die sich explizit folgendermaßen darstellen lasse:

$$(8) \qquad T(x, P) = em \frac{x^2}{P_0 - P}$$

P_0 ist eine Konstante, vergleichbar dem Prohibitivpreis einer von links oben nach rechts unten geneigten Preis-Absatz-Funktion (Schnittpunkt der Preis-Absatz-Funktion mit der Ordinatenachse); e und m sind Parameter, deren Höhe von den Gegebenheiten des betrachteten konkreten Falles abhängt.

Der hier gewählte Ansatz für die Transportkostenfunktion gewährleistet eine Entwicklung der Transportkosten in Abhängigkeit von x und P, wie sie unter bestimmten ökonomischen Gegebenheiten durchaus denkbar ist[15]).

---

[15]) Auch andere Ansätze können, je nachdem, welche Gegebenheiten vorliegen, insbesondere wie sich die Konsumenten über das Marktgebiet verteilen, gewählt werden.

Die Notwendigkeit, die Transportkostenfunktion T(x, P) in geschlossener Form darzustellen, besteht nur dann, wenn die Lösung auf analytischem Wege gefunden werden soll. Bei der graphischen Lösung wird diese Funktion durch leichter zu beschaffende Angaben ersetzt. An ihre Stelle tritt einmal die Grenztransportkostenfunktion T′ (D). Sie gibt an, welche Stücktransportkosten entstehen, wenn das Erzeugnis bis zur Grenze des Marktgebietes D transportiert werden soll.

Zum andern müssen die in Abbildung 2 gezeichneten Preis-Absatz-Funktionen gegeben sein.

Und schließlich muß berechnet werden können, wie hoch die Transportkosten für eine bestimmte vorgegebene Menge bei einem bestimmten vorgegebenen Preis und einem bestimmten vorgegebenen zu beliefernden Marktgebiet sind.

Diese Angaben zu gewinnen, dürfte im allgemeinen wesentlich leichter sein, als die gesamte Transportkostenfunktion in geschlossener Form darzustellen.

Die Produktionskosten K(x) seien durch den Ausdruck

$$(9) \qquad\qquad K(x) = F + ax + bx^2$$

gegeben. (F ist eine Konstante.)

Den Standortüberlegungen muß die langfristige Kostenkurve zugrunde gelegt werden. Der Ausdruck (9) stelle eine Annäherung an die langfristige Kostenkurve im relevanten Bereich dar.

Setzen wir nun die expliziten Ausdrücke für T(x, P) und K(x) in die Gewinnfunktion (5) ein, so erhalten wir die Beziehung

$$(10) \qquad\qquad G(x, P) = Px - em \frac{x^2}{P_0 - P} - F - ax - bx^2$$

Durch partielle Differentiation nach x und P und Nullsetzen der partiellen Ableitungen ergeben sich zwei Bestimmungsgleichungen, aus denen sich die gewinnmaximalen Werte für x und P errechnen lassen. Wir erhalten

$$(11) \qquad\qquad x_{opt} = \frac{em}{16b^2} \left(\sqrt{\frac{8b}{em}(P_0 - a) + 9} - 3 \right)^2$$

$$(12) \qquad\qquad P_{opt} = P_0 - \frac{em}{4b} \left(\sqrt{\frac{8b}{em}(P_0 - a) + 9} - 3 \right)$$

Nehmen wir schließlich noch an, daß zwischen der Marktausdehnung, charakterisiert durch die Größe D, und x und P die Beziehung

$$(13) \qquad D = \sqrt{\frac{mx}{P_0 - P}}$$

besteht, so ist die optimale Marktausdehnung D_{opt} durch den Ausdruck

$$(14) \qquad D_{opt} = \sqrt{m \, \frac{x_{opt}}{P_0 - P_{opt}}} = \sqrt{\frac{m}{4b} \left(\sqrt{\frac{8b}{em} (P_0 - a) + 9} - 3 \right)}$$

gegeben.

In einem konkreten Falle seien für die Parameter des Problems beispielsweise folgende Zahlenwerte ermittelt worden:

$P_0 = 100$ $\qquad$ $F = 50\,000$
$m = 0,5$ $\qquad$ $a = 20$
$e = 0,2$ $\qquad$ $b = 0,001$

Wir erhalten dann:

$P_{opt} = 76,9 \; [GE/ME]$
$x_{opt} = 5339 \; [ME]$

$D_{opt} = \sqrt{115,5} = 10,7 \; [LE] \qquad$ (LE = Längeneinheiten)

Will das Unternehmen nur so viel investieren, daß die letzte eingesetzte Kapitaleinheit gerade noch eine Verzinsung in vorgegebener Höhe (i_0) erbringt, so ist die Betrachtung in folgender Weise zu ergänzen. Durch partielle Differentiation der Gewinngleichung (10) nach P und Nullsetzen der ersten Ableitung erhalten wir den Ausdruck

$$(15) \qquad P = P_0 \pm \sqrt{emx} \qquad \text{(negatives Vorzeichen gilt)}$$

Durch die Gleichung (15) wird jedem x der zugehörige gewinnmaximale Preis zugeordnet. Ersetzt man nun in der ursprünglichen Gewinngleichung (10) P durch den Ausdruck in x, so erhält man eine Gleichung, die den Gewinn allein in Abhängigkeit von x anzeigt.

Wir nehmen ferner an, daß zwischen x und dem mit der Produktion von x verbundenen Kapitalbedarf C eine eindeutige Beziehung besteht, die sich durch die Funktion

$$(16a) \qquad C = C^0 + \alpha x^2$$

bzw. ihre Umkehrung

$$(16b) \qquad x = \sqrt{\frac{C - C^0}{\alpha}}$$

ausdrücken lasse.

In der Gewinngleichung $G(x)$ kann nun x durch die rechte Seite der Formel (16b) substituiert werden. Wir erhalten die bereits früher erläuterte Gewinn-Kapital-Gleichung $G[x(C)]$. Der Kapitaleinsatz ist so lange zu erhöhen, bis der Gewinn der letzten Kapitaleinheit gerade i_0 Geldeinheiten beträgt, d. h. die Gleichung

$$(17) \qquad \frac{dG[x(C)]}{dC} = G'[x(C)] = i_0$$

erfüllt ist.

Ausgehend von dieser Gleichung können nun der optimale Kapitaleinsatz $C_{r,\,opt}$ und im weiteren die ihm entsprechenden rentabilitätsoptimalen Werte $x_{r,\,opt}$, $P_{r,\,opt}$ und $D_{r,\,opt}$ bestimmt werden. Es gilt:

$$(18a) \qquad C_{r,\,opt} = C^0 + \alpha y^4$$

$$(18b) \qquad x_{r,\,opt} = y^2$$

$$(18c) \qquad P_{r,\,opt} = P_0 - \sqrt{em}\; y$$

$$(18d) \qquad D_{r,\,opt} = \sqrt{\frac{m}{e}}\; \sqrt[4]{y}$$

$$\text{mit } y = \frac{-3\sqrt{em} \pm \sqrt{9\,em + 8\,(P_0-a)\,(b + \alpha i_0)}}{4\,(b + \alpha i_0)}$$

Für $C^\circ = 100.000$, $\alpha = 0,005$ und $i_0 = 7,5\,\%$ — die übrigen Parameter wie oben — ergibt die Rechnung:

$P_{r,\,opt} = 77,8\ \text{[GE/ME]}$

$x_{r,\,opt} = 4,912\ \text{[ME]}$

$D_{r,\,opt} = \sqrt{110,8}\ \text{[LE]}$

$C_{r,\,opt} = 220,654\ \text{[GE]}$

Der sich daraus ergebende für den betrachteten Standort charakteristische Gewinnwert beträgt 155.337 Geldeinheiten.

Anhand der Formeln (11) bis (14) bzw. (18b) bis (18d) kann die Frage beantwortet werden, wie sich unter den hier angenommenen Verhältnissen eine Verstärkung der Konkurrenz im Marktgebiet des betrachteten Unternehmens auswirken würde. Der hier gewählten Form der Transportkostenfunktion liegt die Annahme zugrunde, daß die in der Abbildung 2 gezeichneten Preis-Absatz-Funktionen — in Abhängigkeit von der Marktausdehnung D — der Formel

$$(19) \qquad P = P_0 - m\,\frac{x}{D^2}$$

entsprechen. (P_0 ist der Schnittpunkt der Preis-Absatz-Kurven mit der Ordinatenachse[16]); m ein von der betrachteten konkreten Situation abhängiger Parameter.)

Eine Verschlechterung der Konkurrenzsituation, eine Verstärkung der Konkurrenz also, wird in diesem Falle durch einen entsprechend höheren Wert von m zum Ausdruck gebracht. Damit wird die eingangs gestellte Frage zu der Frage, wie sich P_{opt}, x_{opt} und D_{opt} in Abhängigkeit von m verhalten.

Wie aus der Beziehung (12) bzw. (18c) zu ersehen ist, wird P_{opt} bzw. $P_{r, opt}$ mit wachsendem m kleiner; das gleiche gilt, wie aus (11) bzw. (18b) folgt, für x_{opt} bzw. $x_{r, opt}$. D_{opt} bzw. $D_{r, opt}$, die Ausdehnung des Marktgebietes, nimmt hingegen, was nicht ohne weiteres zu erwarten gewesen wäre, mit wachsendem m zu. In der folgenden Tabelle sind die entsprechenden Werte für m = 0,05, m = 0,5 und m = 5,0 einander gegenübergestellt (übrige Parameter wie im oben angeführten Zahlenbeispiel).

	m = 0,05	m = 0,5	m = 5,0
x_{opt}	19 210 [ME]	5 339 [ME]	687 [ME]
P_{opt}	86,1 [GE]	76,9 [GE]	73,8 [GE]
D_{opt}	8,3 [LE]	10,7 [LE]	11,5 [LE]

Für den Fall, daß der Parameter b in der Produktionskostenfunktion den Wert Null annimmt, d. h. die Kurve der Produktionskosten geradlinig verläuft, ergeben sich für die gewinnoptimalen Werte der Variablen folgende Ausdrücke:

$$(20) \qquad x_{opt} = \frac{(P_0 - a)^2}{9 \cdot em}$$

$$(21) \qquad P_{opt} = P_0 - \frac{P_0 - a}{3}$$

$$(22) \qquad D_{opt} = \sqrt{\frac{P_0 - a}{3e}}$$

Der gewinnoptimale Preis P_{opt} und die gewinnoptimale Ausdehnung des Marktgebietes D_{opt} sind unter diesen Voraussetzungen bemerkenswerterweise unabhängig von der Stärke der Konkurrenz im Marktgebiet; lediglich die gewinnoptimale Menge x_{opt} wird davon beeinflußt.

---

[16]) Der Einfachheit halber ist hier angenommen, daß alle Preis-Absatz-Kurven die Ordinatenachse im gleichen Punkt schneiden. Der Gang der Analyse wird durch diese Annahme nicht berührt.

5. Der Gewinnwert des Standorts einer Mehrproduktunternehmung

Ein Unternehmen, das mehr als ein Erzeugnis herstellt, dennoch aber seine Produktion an einem Platze zu konzentrieren beabsichtigt, kann die Gewinnwerte der zur Auswahl stehenden Standorte wie oben beschrieben, ermitteln, wenn die Erzeugnisse weder kosten- noch absatzmäßig miteinander verflochten sind. Für jedes Erzeugnis kann alsdann unabhängig von den anderen der erwartete Gewinn bestimmt werden. Der Gewinnwert des Standortes stellt sich dar als die Summe der Einzelgewinne abzüglich der (gemeinsamen) fixen Kosten.

Wesentlich schwieriger zu lösen ist die Frage nach dem Gewinnwert eines Standortes dann, wenn die Erzeugnisse beispielsweise kostenmäßig verflochten sind[17]). Kostenmäßige Verflechtung bedeutet: Die variablen Kosten, die bei der Produktion des Erzeugnisses 1 anfallen, hängen nicht nur von der erstellten Menge dieses Erzeugnisses ab, sondern auch davon, welche Mengen der anderen Erzeugnisse im gleichen Zeitraum produziert werden.

Im Falle einer gewinnmaximalen Preispolitik ließe sich das Problem analytisch folgendermaßen formulieren: Es gilt, die Gewinnfunktion

$$(23) \qquad G(x_{11}, \ldots, x_{z'n}) = \sum_{zh} x_{zh}[P_{zh}(x_{zh}) - T^*_{zh}] - K(x_1, x_2, \ldots, x_{z'})$$
$$z = 1, 2, \ldots z';$$
$$h = 1, 2, \ldots n;$$

zu maximieren.

In dieser Funktion bedeuten:

z = Produktindex

h = Index der Teilmärkte

x_z = gesamte abgesetzte Menge des Produktes z

x_{zh} = Menge des Erzeugnisses z, die auf dem Teilmarkt h abgesetzt wird

P_{zh} = Preis des Erzeugnisses z auf dem Teilmarkt h

T^*_{zh} = Transportkosten einer Einheit des Erzeugnisses z zum Teilmarkt h.

Die kostenmäßige Verflechtung der Erzeugnisse kommt in der Produktions-Kosten-Funktion $K(x_1, x_2, \ldots, x_{z'})$ zum Ausdruck.

Verlangt das Unternehmen einen einheitlichen „ab-Werk"-Preis zuzüglich der jeweils effektiv anfallenden Transportkosten, so besteht die Aufgabe darin, die folgende Gewinnfunktion zu maximieren.

$$(24) \qquad G(x_{11}, \ldots, x_{z'n}) = \sum_{zh} x_{zh} \cdot P^*_{zh}(x_{zh}) - K(x_1, x_2, \ldots, x_{z'})$$

---

[17]) Der Fall absatzmäßiger Verflechtung sei hier nicht betrachtet. Er läßt sich in ähnlicher Weise durch eine entsprechende Ausgestaltung der Preis-Absatz-Funktionen lösen.

$P^*_{zh}(x_{zh})$ ist die „transformierte" Preis-Absatz-Funktion des Erzeugnisses z auf dem Teilmarkt h. Sie ergibt sich aus der normalen Preis-Absatz-Funktion durch eine Verschiebung nach unten um die Stücktransportkosten T^*_{zh}.

Im Falle eines einheitlichen Verkaufspreises schließlich ist — unter der Voraussetzung eines einheitlichen Marktgebietes — die Gewinngleichung

$$(25) \qquad G(x_z, P_z) = \sum_z P_z \cdot x_z - \sum_z T_z(x_z, P_z) - K(x_1, x_2, \ldots, x_z')$$

zu maximieren.

In der Regel wird es nicht möglich sein, die optimalen x_{zh}-Werte aus den obigen Gleichungen zu errechnen. Die Lösung scheitert daran, daß sich die Kostenfunktion $K(x_1, x_2, \ldots, x_z')$ nur in Ausnahmefällen ermitteln und explizit darstellen läßt. Ähnliches gilt für die Transportkostenfunktion in der Gleichung (25). Eine andere Möglichkeit, das hier angesprochene Problem zu lösen — und zwar ohne auf die genannten Funktionen zurückgreifen zu müssen —, ist in Teil III B aufgezeigt und ausführlich beschrieben.

III. Standortspaltung und Standortverlagerung — Dynamische Aspekte der Standortwahl

A. Das Einproduktunternehmen

Im vorhergehenden Abschnitt war vorausgesetzt worden, daß das Unternehmen aus allen möglichen Standorten einen und nur einen auswählt und dort seine Produktion konzentriert. Nun kann aber nicht a priori behauptet werden, eine solche Beschränkung auf nur einen Standort stelle die günstigste Lösung des Problems dar. Es kann für ein Unternehmen durchaus vorteilhafter sein, mehrere Produktionsstätten an verschiedenen Standorten zu errichten. Soll auch dieser Umstand gebührend berücksichtigt werden, so stellt sich das Problem der Standortwahl nunmehr in folgender Form. Nach wie vor sei von einer Einproduktfirma ausgegangen:

1. Es ist zu bestimmen, wie viele und welche Standorte aus der Menge der vorgegebenen möglichen ausgewählt werden sollen.

2. Es ist festzulegen, welche Größe die verschiedenen Werke haben sollen, mit welchen Verfahren produziert werden soll und welche Mengen auf welche Märkte zu liefern sind.

Es liegt auf der Hand, daß diese Fragen nicht eine nach der anderen beantwortet werden können, sondern simultan gelöst werden müssen.

Im folgenden ist ein Modell — im weiteren als Modell I A bezeichnet — entwickelt, das es ermöglichen soll, die hier anstehenden Fragen zu beantworten. Es sei zunächst die Situation beschrieben, die der Konstruktion des Modelles zugrunde liegt.

1. Die Daten des Modells — Die Zielsetzung

Der Leitung eines Unternehmens sind eine Anzahl möglicher Standorte vorgegeben, an denen Produktionsstätten errichtet werden könnten. Für jeden
dieser Standorte existiert eine langfristige Kostenkurve, wie sie in *Abbildung 5* dargestellt ist. Die Kurve der Abbildung 5 möge für den möglichen
Standort g gelten. Soll an diesem Standort in der zugrunde gelegten Periode
(z. B. in einem Jahr) eine Menge des vorgesehenen Erzeugnisses hergestellt
werden, die unter x_1 liegt, so ist es für das Unternehmen am günstigsten, das
Verfahren 1, dem der Kurvenabschnitt $0Q_1$ entspricht, zu verwirklichen. Die
beschäftigungsunabhängigen Kosten dieses Verfahrens sind so gering, daß
sie vernachlässigt werden können. Liegt die Menge zwischen x_1 und x_2, so
wird das Unternehmen das Verfahren 2 realisieren, zu dem der Kurvenabschnitt $Q_1 Q_2$ gehört. Bei einer geplanten Ausbringung, die über x_3 liegt, wird
das Unternehmen schließlich die Produktion mit Hilfe des dann günstigsten
Verfahrens 4 durchführen (Kurvenabschnitt $Q_3 Q_4$). Der allmählich steiler
werdende Anstieg der langfristigen Kostenkurve von der Menge x_4 an beruhe
darauf, daß, um in der betrachteten Periode Mengen herzustellen, die über
x_4 liegen, Rohstoffe aus weniger günstigen Quellen bezogen werden müssen
mit der Folge, daß die Einstandspreise entsprechend steigen. Auch die Notwendigkeit, mehr und mehr Arbeitskräfte beschäftigen zu müssen, die weiter
entfernt vom Standort des Betriebes wohnen, kann die gleiche Wirkung
haben. Weitere Gründe, auf die näher einzugehen sich hier erübrigt, sind
denkbar[18]).

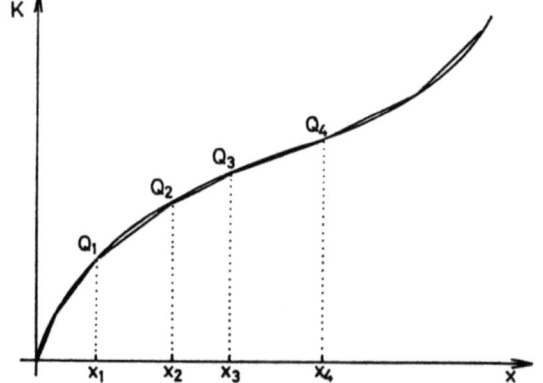

Abb. 5

[18]) Sind die soeben genannten Ursachen an einem Standort nicht wirksam, so wird
die langfristige Kostenkurve dieses Standortes von x_3 an als Gerade verlaufen. Die
kostensteigernde Wirkung z. B. höherer Einstandspreise kann selbstverständlich
schon von einer Menge an eintreten, die unter x_3 liegt. In diesem Falle überlagern
sich die Kosteneinflüsse: der die Durchschnittskosten mindernden Möglichkeit, bei
steigenden Erzeugnismengen jeweils günstigere Verfahren einsetzen zu können,
stehen die mit wachsender Ausbringung steigenden Einstandspreise usw. gegenüber. Die langfristige Kostenkurve bringt die Summe dieser Einflüsse zum Ausdruck. Der aus Geraden zusammengesetzte Kurvenzug stellt alsdann eine Annäherung an diese ursprüngliche Kostenkurve dar. Die einzelnen Kurvenabschnitte
können dann nicht mehr als Kostenkurve eines bestimmten Verfahrens interpre-
tiert werden. Für die folgende Analyse ist es gleichgültig, ob die geradlinigen
Kurvenabschnitte Verfahrenskurven oder lediglich Annäherungen an eine s-förmig
geschwungene langfristige Kostenkurve darstellen.

Der langfristigen Kostenkurve, wie sie in der Literatur beschrieben ist, liegt die Annahme beliebiger Teilbarkeit der Produktionsfaktoren zugrunde. Beachtet man, daß diese beliebige Teilbarkeit in Wirklichkeit nicht gegeben ist, ferner, daß, um beispielsweise mit dem Verfahren 3 z. B. die Menge x_4 auszubringen — sagen wir — zehn Aggregate des das Verfahren 3 repräsentierenden Aggregattyps eingesetzt werden müssen, so ergibt sich: Die langfristige Kostenkurve stellt eine um so bessere Annäherung an die tatsächlichen Kostenverhältnisse dar, je kleiner die Kapazität des einzelnen, ein bestimmtes Verfahren repräsentierenden Aggregates ist, gemessen an der Gesamtausbringung, für die gerade dieses Verfahren zum kostengünstigsten wird. Die langfristige Kostenkurve gibt die wirklichen Kostenverhältnisse ferner exakt wieder, wenn in dem jeweils relevanten Bereich eines Verfahrens (für das Verfahren 2 z. B. im Intervall x_1 bis x_2) die Zahl der eingesetzten Aggregate unverändert bleibt, wenn also — mit anderen Worten — die optimale Anzahl der Aggregate z. B. des Verfahrens 2 für die Ausbringungsmengen x_1 und x_2 die gleiche ist, und für die anderen Verfahren entsprechendes gilt.

Mit dieser Anmerkung soll hier lediglich darauf hingewiesen werden, daß die langfristige Kostenkurve nur eine mehr oder weniger gute Annäherung an die tatsächlichen Kostenverhältnisse darstellt. Konsequenzen daraus werden wir erst im Rahmen eines späteren Modelles ziehen; hier begnügen wir uns zunächst mit der Annäherungskurve.

Das für das Unternehmen relevante Marktgebiet gliedere sich in eine Reihe von Teilmärkten; für jeden dieser Teilmärkte existiere eine von links oben nach rechts unten geneigte Preis-Absatz-Funktion. Welche dieser Teilmärkte mit welchen Mengen von welchen Werken aus beliefert werden sollen, ist eine Frage, die mit Hilfe des Modelles beantwortet werden soll.

Als bekannt seien des weiteren die Transportkosten unterstellt, die entstehen, wenn eine Einheit des Erzeugnisses vom Standort g (g = 1, 2, . . .) zum Teilmarkt h (h = 1, 2, . . .) zu transportieren ist. Von der Gesamtmenge, die vom Standort g zum Teilmarkt h transportiert wird, seien die Stücktransportkosten T^*_{gh} unabhängig.

Die letzte Datengruppe, die die Unternehmensleitung zu berücksichtigen hat, betrifft die Kapital- und Finanzierungsverhältnisse. Parallel zu der langfristigen Kostenkurve läßt sich für jeden Standort eine Kapitalbedarfskurve angeben, die zum Ausdruck bringt, welches Kapital benötigt wird, um an diesem Standort einen Betrieb aufzubauen, der in der betrachteten Periode die Menge x ausbringt, und um diese Ausbringung zu finanzieren. In der *Abbildung 6a* ist eine solche Kapitalbedarfskurve gezeichnet. Es handelt sich auch dabei insofern um eine Annäherung an die tatsächliche Kapitalbedarfskurve, als Sprünge, die beim Übergang von einem Verfahren zu einem anderen sicher auftreten werden, vermieden wurden. Ob die Kapitalbedarfskurve, wie gezeichnet, überproportional steigt, proportional zur Ausbringung verläuft oder gar einen unterproportionalen Verlauf aufweist, ist für den Gang der Analyse irrelevant[19][20]).

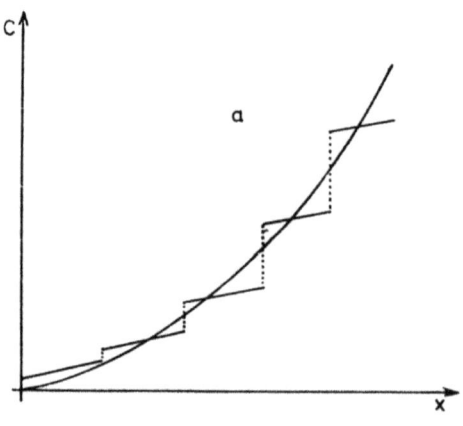

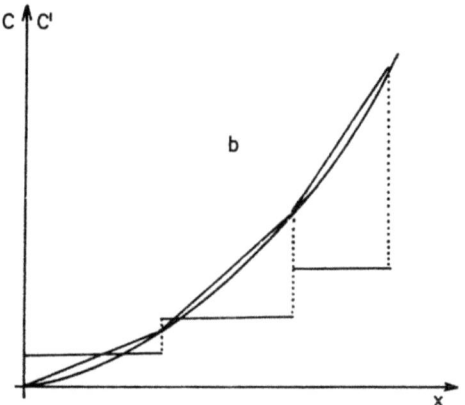

---

[19]) Es könnte hier die Frage entstehen, ob im Hinblick auf das Anlagevermögen von einem Kapital in Höhe der Summe der Anschaffungswerte oder von dem durchschnittlich gebundenen Kapital etwa in Höhe der halben Anschaffungswerte auszugehen ist. Sowohl das eine als auch das andere ist möglich. Welche Kapitalgrößen anzusetzen sind, hängt von der speziellen Fragestellung ab, insbesondere also davon, ob der Aufbau aller von dem Modell als günstig gekennzeichneten Werke sofort in Angriff genommen werden soll, das Kapital also in voller Höhe greifbar sein muß, oder ob im Vordergrund des Interesses die Frage nach der Verzinsung des durchschnittlich gebundenen Kapitals steht.

[20]) Die Tatsache, daß im Modell mit einer Näherungskurve des Kapitalbedarfs gearbeitet wird, dürfte im allgemeinen nur einen relativ geringen Einfluß auf das Ergebnis haben, zumal auch die Grenze des insgesamt verfügbaren Kapitals relativ elastisch ist.

Schließlich muß in diesem Zusammenhang beachtet werden, daß der Unternehmensleitung im allgemeinen nur ein begrenztes Kapital zur Verfügung steht. Sehr oft wird die Errichtung zusätzlicher Werke in neuen Marktgebieten deshalb zurückgestellt oder abgelehnt werden müssen, weil die entsprechenden finanziellen Mittel fehlen.

Die Höhe des Kapitalbetrages, der zur Errichtung der Werke und zur Finanzierung der Produktion verfügbar ist, kann gegebenenfalls auch von den Standorten abhängen, die gewählt werden. Man denke beispielsweise an kreditpolitische Maßnahmen des Staates zur Förderung der Industrie in bestimmten Gebieten u. ä. m.

Da Sachinvestitionen nur so lange vorteilhaft sind, als sie einen Gewinn erbringen, der — gegebenenfalls unter Berücksichtigung des Risikounterschiedes — einer Verzinsung entspricht, die der Rendite möglicher Finanzinvestitionen gleichkommt, muß im Rahmen des Modelles die Möglichkeit vorgesehen werden, solche Finanzinvestitionen durchzuführen. Fassen wir zusammen: Die Daten, die zur Lösung des hier betrachteten Problemes gegeben sein müssen, lassen sich in folgende vier Gruppen einordnen. Es müssen bekannt sein:

1. Die Preis-Absatz-Funktionen der Teilmärkte (sie sollen die auf dem betreffenden Teilmarkt in den nächsten Jahren erwarteten Nachfrageverhältnisse im Durchschnitt gesehen zum Ausdruck bringen);

2. die langfristigen Kostenkurven der Produktion für die zur Auswahl stehenden möglichen Standorte (als Durchschnitt der nächsten Jahre);

3. die Kosten des Transportes von den möglichen Standorten zu den Teilmärkten (zeitliche Durchschnittswerte);

4. die Kapitalbedarfskurven der möglichen Standorte, der insgesamt verfügbare Kapitalbetrag, die möglichen Finanzinvestitionen und ihre Renditen.

Sowohl die langfristigen Kostenkurven als auch die Kapitalbedarfskurven werden jeweils durch einen aus Geraden zusammengesetzten Kurvenzug angenähert[21]).

Da sich das Modell der Methode des linearen Programmierens bedienen soll, muß eine entsprechende Annäherung auch bei den Preis-Absatzkurven vorgenommen werden. Zu einer von links oben nach rechts unten geneigt verlaufenden Preis-Absatzkurve, wie sie in *Abbildung 7* dargestellt ist, gehört die in der gleichen Abbildung wiedergegebene parabolische Gesamterlöskurve E(x). Diese Kurve ist nun in ihrem relevanten Bereich, d. h. bis zur Menge x_e, durch einen Polygonzug anzunähern. Der weiteren Betrachtung ist das Näherungspolygon zugrunde zu legen. Statt die Gesamterlöskurve durch einen Polygon-

---

[21]) Auf die Frage, für welchen Zeitraum die Daten als Durchschnittsgrößen jeweils gelten sollen, wird in Abschnitt III A 4 b ausführlicher eingegangen.

zug, hätte man auch die Grenzerlöslinie durch eine Treppenkurve annähern können, wie dies ebenfalls in Abbildung 7 gezeigt ist. Polygonzug und Treppenkurve entsprechen einander.

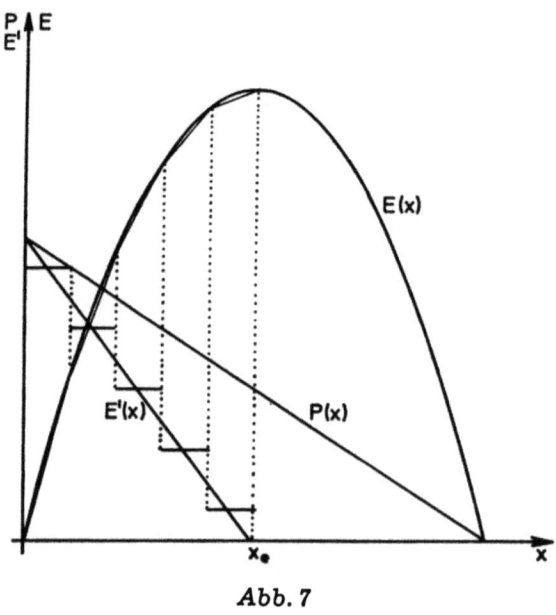

Abb. 7

Durch die Annäherung der langfristigen Kostenkurve des Standortes g durch einen Polygonzug entstehen Produktionsintervalle ($H^\circ_{g\nu}$), in denen der Betrieb jeweils mit den gleichen Grenzkosten produziert, die — auf den ursprünglichen Verlauf der Kostenkurve bezogen — durchschnittliche Grenzkosten ($\overline{K}'_{g\nu}$) darstellen. Die Menge des Erzeugnisses, die effektiv im Produktionsintervall ν des Betriebes g hergestellt wird, sei mit $H_{g\nu}$ bezeichnet. Eine Produktion beispielsweise im Intervall $\nu = 3$ ist naturgemäß nur dann durchführbar, wenn die Produktionsmöglichkeiten in den beiden vorangehenden Intervallen voll ausgenutzt sind, also $H_{g1} = H^\circ_{g1}$ und $H_{g2} = H^\circ_{g2}$.

Gilt in dem hier betrachteten Falle $H_{g3} < H^\circ_{g3}$, so müssen H_{g4}, H_{g5}, ... gleich Null sein; d. h. innerhalb dieser Intervalle findet keine Produktion statt. Diese ökonomisch zwingende Reihenfolge der Approximationsintervalle wird von einem Modell der linearen Programmierung nicht automatisch berücksichtigt. Ohne besondere Vorkehrungen würde das Modell vielmehr mit dem Intervall $x_2 \ldots x_3$ beginnen, d. h. dem Intervall mit den niedrigsten Grenzkosten, alsdann das Intervall $x_1 \ldots x_2$, das Intervall mit den nächstniedrigen Grenzkosten berücksichtigen usw. Es sind darum besondere Ungleichungen zu formulieren, die sicherstellen, daß die gewünschte Reihenfolge eingehalten wird (vgl. die Nebenbedingungen (28a—c) des im folgenden beschriebenen Modells).

Die Annäherung der Gesamtumsatzkurven durch Polygonzüge läßt, wie aus Abbildung 7 hervorgeht, Absatzintervalle entstehen, innerhalb derer der Erlös pro Erzeugniseinheit jeweils gleich hoch ist. Sie seien im folgenden mit $M^{\circ}{}_{h\mu}$ bezeichnet. Da die Ausnutzung der jeweils ersten Absatzintervalle für das Unternehmen günstiger ist als die Ausnutzung der jeweils zweiten usw., hält das Modell automatisch die richtige Reihenfolge dieser Approximationsintervalle ein.

Die Zielsetzung des Unternehmens ist bereits bei der Darstellung des Problems beschrieben worden: Es geht darum, die Fragen:

1. Wieviele Werke sollen errichtet werden?
2. An welchen Standorten sind sie zu errichten?
3. Welche Ausbringung pro Periode soll für das einzelne Werk angestrebt werden?
4. Welche Produktionsverfahren sind zu verwenden?
5. Welche Teilmärkte sollen beliefert werden?
6. Welche Erzeugnismengen sind für die einzelnen Teilmärkte vorzusehen?, oder anders ausgedrückt: Welche Preise sollen auf den einzelnen Teilmärkten verlangt werden?
7. Welche Werke sollen welche Teilmärkte mit welchen Mengen beliefern?

so zu beantworten, daß der Gewinn des Unternehmens in der betrachteten Periode zu einem Maximum wird. Da jede Standortbetrachtung langfristigen Charakter trägt, ist, wie schon bei der Besprechung der Daten angedeutet, auf die durchschnittlichen Verhältnisse der nächsten Jahre abzustellen. Werden die Ausgangsdaten der Rechnung in dieser Weise festgelegt, dann handelt es sich auch bei dem Gewinn um eine Durchschnittsgröße. Die simultane Betrachtung mehrerer Perioden — wie beispielsweise im Rahmen eines Investitionsmodells[22]) — erübrigt sich hier und wäre bei dieser langfristigen Betrachtung auch fehl am Platze.

2. Das Modell

Der Zielsetzung entsprechend, stellt sich die Zielfunktion des Modells als eine Gewinnfunktion dar. Sie lautet:

$$(26) \qquad G = \sum_{h\mu} M_{h\mu} \cdot U'_{h\mu} - \sum_{g\nu} H_{g\nu} \cdot k_{g\nu} - \sum_{gh} X_{gh} \cdot T^{*}_{gh} + c \cdot R \rightarrow max$$

Erlöse	Produktionskosten	Transportkosten	Ertrag aus Finanzinvestitionen

In dieser Gleichung bedeuten:

h   = Index der Teilmärkte

g   = Index der Betriebe (Produktionsstätten)

---

[22]) Vgl. z. B. H. Jacob, Neuere Entwicklungen in der Investitionsrechnung, Wiesbaden 1964, S. 29 ff.

μ = Index der Absatzintervalle

ν = Index der Produktionsintervalle

ν_0 = Index des ersten Produktionsintervalles nach dem Wendepunkt der langfristigen Kostenkurve

Als Variable treten in der Zielfunktion auf:

$M_{h\mu}$ = Menge der im Absatzintervall μ des Marktes h abgesetzten Erzeugnisse

$H_{g\nu}$ = Menge der im Produktionsintervall ν des Betriebs g hergestellten Erzeugnisse

X_{gh} = Menge der vom Betrieb g an den Teilmarkt h gelieferten Erzeugnisse

R   = Kapitalbetrag, angelegt in Finanzinvestitionen

Als Parameter gehen in die Gleichung (26) ein:

$U'_{h\mu}$ = Erlös je Produkteinheit im Absatzintervall μ des Marktes h (durchschnittlicher Grenzerlös)

$k_{g\nu}$ = Stückkosten des Betriebes g im Produktionsintervall ν (= durchschnittliche Grenzkosten);

T^*_{gh} = Kosten des Transports einer Mengeneinheit des Produktes vom Betrieb g zum Teilmarkt h

c   = durchschnittliche Effektivverzinsung der Finanzinvestitionen

Die Zielfunktion (26) ist unter Beachtung folgender Nebenbedingungen zu maximieren:

(1) Die Produktionsbedingungen

(27) $H_{g\nu} \leq H^\circ_{g\nu}$ Für alle g und ν

              Im Intervall ν des   Spannweite des
              Betriebs g produ-   Intervalls ν des
              zierte Menge   Betriebs g

Sie besagen, daß in einem bestimmten Produktionsintervall ν des Betriebes g nur höchstens so viel produziert werden kann, wie es der Spannweite des Intervalls ($H^\circ_{g\nu}$) entspricht.

(1a) Die Reihenfolgebedingungen der Approximations-intervalle Produktion

(28a) $H_{g,\nu+1} - u_{g\nu} H^\circ_{g,\nu+1} \leq 0$ Für alle g und $\nu < \nu_0 - 1$

(28b) $H_{g\nu} - u_{g\nu} H^\circ_{g\nu} \geq 0$ Für alle g und $\nu < \nu_0$

(28c) $\sum\limits_{\nu=\nu_0} H_{g\nu} - u_{g,\nu_0-1} \cdot \sum\limits_{\nu=\nu_0} H^\circ_{g\nu} \leq 0$ für alle g

$u_{g\nu}$ stellt eine Ganzzahligkeitsvariable dar, die entweder den Wert Null oder den Wert 1 anzunehmen vermag (für alle g und ν).

Durch die Bedingungen (28) wird das Modell veranlaßt, die Produktionsintervalle in der ökonomisch richtigen Reihenfolge heranzuziehen. Würde beispielsweise im Intervall $v+1 = 3$ produziert werden, dagegen im Intervall $v = 2$ nicht, so müßte u_{g2} den Wert 1 annehmen, damit die Bedingungen (28a) erfüllt wären. Wenn im Intervall 2 nicht produziert wird, würde aber $u_{g2} = 1$, in die Bedingungsgleichung (28b) eingesetzt, zu einem Widerspruch führen.

In einem Intervall mit dem Index $v = v_0$, $v = v_0 + 1$ usw. darf nur produziert werden, wenn u_g, $v_0 - 1$ den Wert 1 annimmt, da im anderen Falle die Bedingungsgleichung (28c) nicht erfüllt wäre; $u_{g\,v_0-1} = 1$ bedeutet aber, daß die Produktionsmöglichkeiten des Intervalls v_0-1 voll ausgenutzt sind, da andernfalls die Bedingungsgleichung (28b) nicht erfüllt wäre. Vom Intervall v_0 an hält das Modell automatisch die richtige Reihenfolge der Produktionsintervalle ein, da jedes folgende Produktionsintervall mit höheren Produktionskosten verbunden ist.

(2) Die Absatzbedingungen

$$(29) \qquad M_{h_\mu} \qquad \leq \qquad M^\circ_{h_\mu} \qquad \text{Für alle h und } \mu$$

Unter Ausnutzung des Absatzintervalls µ des Marktes h verkaufte Menge des Erzeugnisses	Spannweite des Absatzintervalls µ des Marktes h

Sie bringen zum Ausdruck, daß unter Ausnutzung eines bestimmten Absatzintervalles µ eines Teilmarktes h höchstens nur so viel abgesetzt werden kann, als es der Spannweite des Intervalles entspricht. Die ökonomisch richtige Reihenfolge der Absatzintervalle hält das Modell automatisch ein, da von Intervall zu Intervall die Stückerlöse (durchschnittliche Grenzerlöse) sinken.

(3) Die Mengenbedingungen, bezogen auf die Betriebe

$$(30) \qquad \sum_h X_{gh} \qquad = \qquad \sum_v H_{g_v} \qquad \text{für alle g}$$

Gesamte vom Betrieb g gelieferte Menge des Erzeugnisses	Gesamte vom Betrieb g produzierte Menge des Erzeugnisses

Sie stellen sicher, daß die vom Betrieb g erzeugte Produktmenge mit der von diesem Betrieb gelieferten Menge übereinstimmt. Weder kann mehr geliefert werden als produziert wird, noch wird mehr produziert als geliefert werden soll.

(4) Die Mengenbedingungen, bezogen auf die Märkte

$$(31) \qquad \sum_g X_{gh} \qquad = \qquad \sum_\mu M_{h_\mu} \qquad \text{für alle h}$$

Gesamte dem Teilmarkt h zugegangene Menge des Erzeugnisses	Gesamte auf dem Teilmarkt h abgesetzte Menge des Erzeugnisses

Diese Bedingungen gewährleisten, daß die einem Teilmarkt von den verschiedenen Betrieben zugegangenen Erzeugnismengen auch tatsächlich auf diesem Teilmarkt absetzbar sind und abgesetzt werden. Gleichzeitig besagen diese Bedingungen, daß auf einem Markt nicht mehr abgesetzt werden kann, als insgesamt dorthin geliefert worden ist.

(5) Die Finanzierungsbedingung

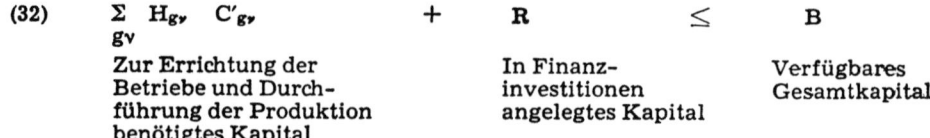

$$(32) \quad \sum_{gv} H_{gv} \; C'_{gv} \quad + \quad R \quad \leq \quad B$$

| Zur Errichtung der Betriebe und Durchführung der Produktion benötigtes Kapital | In Finanzinvestitionen angelegtes Kapital | Verfügbares Gesamtkapital |

Unter C'_{gv} ist der durchschnittliche (Grenz)-Kapitalbedarf in Abhängigkeit von der geplanten Ausbringungsmenge im Produktionsintervall v des Betriebs g zu verstehen[23].

B ist der Kapitalbetrag, der dem Unternehmen zur Finanzierung der geplanten Vorhaben zur Verfügung steht; R schließlich ist der Teil von B, den in Sachinvestitionen festzulegen, sich für das Unternehmen nicht lohnen würde, da die Verzinsung möglicher Finanzinvestitionen höher liegt als die Verzinsung, die die mit diesen Mitteln finanzierten Sachinvestitionen erbringen würden.

Die Finanzierungsbedingung sorgt dafür, daß nicht mehr Kapital verplant wird, als dem Unternehmen zur Verfügung steht.

Durch die Zielfunktion (26) und die Nebenbedingungen (27) bis (32) ist das Modell vollständig beschrieben. Mit seiner Hilfe lassen sich die eingangs gestellten Fragen beantworten:

1. Aus den errechneten Werten für die Größen H_{gv} folgt, an welchen Standorten Produktionsstätten zu errichten sind, wieviel in den einzelnen Werken während der zugrunde gelegten Zeitspanne jeweils produziert werden soll und welches Verfahren jeweils in Abhängigkeit von der geplanten Ausbringung Anwendung zu finden hat.

2. Die für die Größen $M_{b\mu}$ ermittelten Werte geben Auskunft darüber, auf welchen Teilmärkten welche Mengen abgesetzt werden sollen. Gleichzeitig kann aus ihnen unter Beachtung der jeweiligen Preis-Absatz-Funktion der Preis ersehen werden, der auf dem einzelnen Teilmarkt zu fordern ist.

3. Die für die Größen X_{gh} ermittelten Werte schließlich geben an, von welchen Werken aus die Belieferung der einzelnen Teilmärkte durchzuführen ist.

Mit der Beantwortung dieser Fragen ist gleichzeitig darüber bestimmt, in welchem Umfange überhaupt Investitionen vorzusehen sind, d. h. welcher Teil des verfügbaren Kapitalbetrages B für die Errichtung von Produktions-

---

[23] Vgl. hierzu die Abbildung 6 b und die Ausführungen S. 29 ff.

stätten und die Durchführung der Produktion verwendet werden soll, und welcher Teil in Finanzinvestitionen anzulegen ist. Entscheidend hierfür ist die Höhe der aus Finanzinvestitionen erzielbaren Verzinsung. Bei ausschließlichem Einsatz von Eigenmitteln entspricht c dem Zinssatz möglicher Finanzinvestitionen, unter Umständen zuzüglich eines Aufschlages für das geringere Risiko, das mit der Finanzinvestition, verglichen mit den Sachinvestitionen, gegebenenfalls verbunden ist, und dessen Höhe von der subjektiven Einstellung des Beurteilenden abhängt; c entspricht damit der unteren Rentabilitätsgrenze, d. h. dem Ertrag, den die letzte in Sachinvestitionen angelegte Kapitaleinheit mindestens erbringen muß.

Für den Fall, daß das Unternehmen einen Teil seiner Investitionen mit Hilfe von Krediten zu finanzieren gedenkt, ist folgendermaßen vorzugehen: Das Unternehmen hat zunächst die Grenze der Kreditkosten, ausgedrückt in % des Kredites, festzulegen, bis zu der es gewillt ist zu gehen, d. h. Kredite aufzunehmen. Die Größe c ist in Höhe dieses Grenzzinssatzes — zuzüglich gegebenenfalls eines Risikozuschlages — festzulegen. Durch diese Festlegung ist gleichzeitig der verfügbare Kapitalbetrag B bestimmt. Ergibt nun die Rechnung, daß bei diesem Werte von c ein Teil des verfügbaren Kapitals nicht in Sachinvestitionen angelegt wird, d. h. R einen positiven Wert hat, so geht daraus hervor, daß das Unternehmen die Zinsgrenze zu hoch angesetzt hat. Die Rechnung ist mit einem niedrigeren Wert für c und einem entsprechend kleineren Kapitalbetrag B zu wiederholen. Zeigt sich dagegen, daß bei dem gewählten c-Wert das ganze verfügbare Kapital in Sachinvestitionen angelegt wird, so geht daraus hervor, daß die Verzinsung der letzten eingesetzten Kapitaleinheit noch über c liegt: es wäre für das Unternehmen vorteilhaft, die Zinsgrenze zu erhöhen und weitere Kredite aufzunehmen und einzusetzen[24].

Unter Umständen hängt der verfügbare Kapitalbetrag auch davon ab, welche Standorte gewählt werden. Dies ist beispielsweise dann der Fall, wenn der Staat bestimmte Gebiete fördern will und darum Betriebe, die sich dort anzusiedeln gedenken, durch die Gewährung günstiger Kredite unterstützt (vgl. S. 257 ff.). In dem bisher beschriebenen Modell ist eine solche Abhängigkeit des verfügbaren Kapitals von der Wahl der Standorte noch nicht berücksichtigt. Gegebenheiten dieser Art lassen sich aber relativ einfach in das Modell einbauen. Wir verwenden dazu eine weitere Ganzzahligkeitsvariable (v_g). Sie nimmt den Wert 1 an für den Fall, daß am Standort g ein Betrieb errichtet wird; sie hat den Wert 0, wennn dieser Standort unberücksichtigt bleibt.

Die Finanzierungsbedingung, die die Abhängigkeit des verfügbaren Kapitals auch von den gewählten Standorten berücksichtigt, lautet alsdann

---

[24] Das Modell ließe sich im Hinblick auf die Finanzierungsgegebenheiten so ausgestalten, daß simultan mit der Antwort auf die bereits genannten Fragen sofort auch die Frage beantwortet würde, in welchem Umfange Kredite eingesetzt werden sollen.

(33)
$$\sum_{\varkappa\nu} H_{g\nu} \cdot C'_{g\nu} + R \leq B + \sum_{g} v_g \cdot \overline{B}_g$$

$\overline{B}_g$ stellt den Kapitalbetrag dar, der dem Unternehmen zusätzlich zur Verfügung gestellt wird, falls es einen Betrieb im Standort g errichtet.

Die Finanzierungsbedingung (33) tritt an die Stelle der Finanzierungsbedingung (32) des Grundmodelles. Gleichzeitig wird es notwendig, zwei zusätzliche Bedingungsgleichungen einzuführen. Sie lauten:

(34a)
$$H_{g1} - v_g H^{\circ}_{g1} \leq 0 \qquad \text{für alle g}$$

(34b)
$$v_g \cdot H^{\circ}_{g1} - H_{g1} \cdot L \leq 0 \qquad \text{für alle g}$$

Durch die Nebenbedingung (34a) wird erreicht, daß v_g den Wert 1 annehmen muß, wenn am Standort g tatsächlich produziert wird. Die Bedingung (34 b) hingegen ist nur dann erfüllt, wenn im Falle $H_{g1} = 0$ auch v_g den Wert Null annimmt. (L ist eine genügend groß zu wählende Konstante.) Die Zielfunktion sowie die übrigen Nebenbedingungen bleiben unverändert.

Mit Hilfe der Ganzzahligkeitsvariablen v_g kann in sehr einfacher Weise ferner auch der Umstand berücksichtigt werden, daß die Errichtung eines Betriebes im allgemeinen mit besonderen Erschließungs- und Anlaufkosten verbunden ist. Die Höhe der gesamten Anlaufkosten sei mit C°_g bezeichnet; C°_g stellt gleichzeitig den Kapitalbetrag dar, der für diese Zwecke eingesetzt werden muß. Er sei unabhängig von der Größe des zu errichtenden Betriebes[25]. Die anteilige Kostenbelastung des betrachteten Zeitraumes durch solche Anlaufkosten sei mit $\overline{C}^{\circ}_g$ bezeichnet. Bei $\overline{C}^{\circ}_g$ handelt es sich also um den auf den betrachteten Zeitraum entfallenden Abschreibungsbetrag der Anlaufkosten, unter der Voraussetzung, daß diese in einer vorzugebenden angemessenen Frist abzuschreiben sind. Treten solche Anlaufkosten auf und sollen einmal der daraus resultierende zusätzliche Kapitalbedarf, zum andern die zusätzliche Kostenbelastung berücksichtigt werden, so ist das Grundmodell in folgender Weise zu ändern:

In die Finanzierungsbedingung ist ein entsprechendes Glied aufzunehmen; sie lautet jetzt:

(35)
$$\sum_{g} v_g C^{\circ}_g + \sum_{g\nu} H_{g\nu} C'_{g\nu} + R \leq B + \sum_{g} v_g \cdot \overline{B}_g$$

| Kapitalbedarf Anlaufkosten (unabhängig von der Größe des zu errichtenden Betriebes) | Kapitalbedarf Anlage- und Umlaufvermögen (abhängig von Größe und Art des Betriebes) | In Finanzinvestitionen angelegtes Kapital \| Verfügbares Kapital (unabhängig von der Standortwahl) | Verfügbares Kapital, falls der entsprechende Standort gewählt wird |

---

[25] Würden Teile der Anlaufkosten auch von der Größe des zu errichtenden Betriebes abhängig sein, ließen sie sich in der langfristigen Kostenkurve anteilig berücksichtigen.

Gleichzeitig ist die Zielfunktion um das Glied $\Sigma v_g \cdot \overline{C}^\circ{}_g$, das die anteilige Belastung durch die entstehenden Anlaufkosten zum Ausdruck bringt, zu ergänzen.

Ähnlich wie bei der Betrachtung nur eines Standortes können auch bei einer zulässigen Aufteilung der Produktion auf mehrere Standorte unterschiedliche Arten des preispolitischen Verhaltens zugrunde gelegt werden. Bisher sind wir von der Voraussetzung einer gewinnmaximierenden Preispolitik ausgegangen. Es sei im folgenden ergänzend der Fall betrachtet, daß das Unternehmen auf allen Teilmärkten den gleichen Verkaufspreis fordert. Diese Bedingung muß in das oben beschriebene Modell zusätzlich eingefügt werden.

Die geforderte Preisgleichheit läßt sich durch das folgende System von Ungleichungen erzwingen.

$$(36a) \qquad m_h \sum_\mu M_{h\mu} - m_1 \sum_\mu M_{1\mu} \geqq P_{0h} w_h - P_{01}$$

$$(36b) \qquad m_h \sum_\mu M_{h\mu} - m_1 \sum_\mu M_{1\mu} \leqq (P_{0h} - P_{01})\, w_h \qquad \Bigg\} \text{ für alle } h \neq 1$$

$$(37) \qquad \sum_\mu M_{h\mu} - w_h \sum_\mu M^\circ{}_{h\mu} \leqq 0$$

Dabei ist die Preis-Absatz-Funktion des Teilmarktes 1 durch den Ausdruck

$$P_1 = P_{01} - m_1 \sum_\mu M_{1\mu} \text{ und}$$

die des Teilmarktes h durch den Ausdruck

$$P_h = P_{0h} - m_h \sum_\mu M_{h\mu}$$

wiedergegeben. Als Teilmarkt 1 ist ein Markt zu wählen, der so günstig gelegen ist, daß er in jedem Fall beliefert werden wird. Die Größen w_h stellen Ganzzahligkeitsvariable dar, die nach Gleichung (37) den Wert Null annehmen, wenn der betreffende Markt nicht beliefert werden soll, den Wert 1, wenn er in der optimalen Lösung des Modelles enthalten ist.

Ist $w_h = 0$, so gilt für diesen Markt die Forderung der Preisgleichheit nicht. Sie muß dagegen für alle Märkte erfüllt sein, deren Ganzzahligkeitsvariable w_h den Wert 1 bekommt. Der Fall der Preisgleichheit ist insbesondere dann relevant, wenn keine voneinander isolierten Teilmärkte unterschieden werden können.

In ähnlicher Weise läßt sich das Problem der optimalen Standort-Kombination lösen, wenn das Unternehmen einen einheitlichen „Ab-Werk"-Preis zuzüglich der jeweils effektiv anfallenden Transportkosten zu verlangen beabsichtigt.

3. Zum Problem der Standortwahl unter dynamischen Bedingungen

Standortentscheidungen binden ein Unternehmen langfristig. Es wird darum bemüht sein, bei der Standortwahl auch längerfristig wirkende Veränderungstendenzen — z. B. im Hinblick auf die Nachfrage, auf bestimmte Beschaffungsgegebenheiten usw. — zu berücksichtigen. Solche Veränderungen der für Standortentscheidungen relevanten Datenkonstellationen können beispielsweise, worauf insbesondere Henzler hinweist, durch den Zusammenschluß von Märkten eintreten, die bis dahin durch Zollschranken getrennt waren. „Die supranationale Marktgestaltung vermag mit ihrer integrierenden und desintegrierenden Wirkung auf die verschiedenen Markttypen die für die einzelne Betriebswirtschaft relevante Konkurrenz- oder Marktstruktur und Konkurrenz- oder Marktpolitik entscheidend zu verändern", und „ . . . Betriebswirtschaften, die bisher zueinander in Konkurrenz standen, (brauchen) künftig nicht mehr Wettbewerber zu sein, während sich andere neue Betriebswirtschaften künftig auf einem bestrittenen Markt mit gleichen oder anderen Wettbewerbsmitteln und -maßnahmen begegnen werden[26]". Die Gefahr, daß sich die zur Zeit der Gründung eines Betriebs gegebenen Standortfaktoren verändern können, bezeichnet Henzler als das Standortrisiko[27]. Um dieses Risiko zu mindern, stellt sich dem Unternehmen die Aufgabe, die Entwicklung der Standortfaktoren — auch auf längere Sicht — rechtzeitig zu erkennen und in ihrer Wirkung auf die Standortqualität abzuschätzen. Unter Umständen können solche Veränderungen so weit gehen, daß sie das Unternehmen zwingen, seinen Standort zu verlagern[28].

Das im vorhergehenden Abschnitt dargestellte Modell kann auch für die Betrachtungen dieser Art nutzbar gemacht werden. Wie schon angedeutet, handelt es sich bei den Daten des Modelles um Durchschnittsgrößen, die die entsprechenden Gegebenheiten während eines mehr oder weniger langen zukünftigen Zeitraumes widerspiegeln sollen.

Es stellt sich hier die berechtigte Frage, wie lang dieser Zeitraum gewählt werden soll und wie in Zukunft auftretende Veränderungen berücksichtigt werden können.

Um die erste Frage beantworten zu können, muß untersucht werden, wie stark die Veränderungen in Zukunft sein werden, insbesondere, ob sie eine bestimmte Tendenz erkennen lassen, oder ob es sich lediglich um oszillative Schwankungen um ein bestimmtes durchschnittliches Niveau handelt. Kann davon ausgegangen werden, daß in einem bestimmten längeren Zeitraum keine Niveauänderungen der für die Standortentscheidung relevanten Gege-

---

[26]) R. Henzler, Die Marktunion. Eine betriebswirtschaftliche Wende, Köln und Opladen 1958, S. 60; vgl. ferner das sehr instruktive Beispiel, a. a. O., S. 27 ff.; ferner R. Henzler, Betriebswirtschaftslehre des Außenhandels, Wiesbaden 1962, S. 135.
[27]) R. Henzler, Betriebswirtschaftslehre des Außenhandels, a. a. O., S. 75.
[28]) Siehe hierzu R. Henzler, Die Marktunion, a. a. O., S. 62.

benheiten eintreten, also lediglich oszillative Änderungen um diese Niveaus stattfinden werden, so wird man in das Standortentscheidungsmodell die Daten einsetzen, die diese durchschnittlichen Niveaus repräsentieren. Das Ergebnis der Rechnung gilt dann für den ganzen genannten Zeitraum.

Anders liegen die Dinge, wenn in absehbarer Zeit mit fühlbaren Niveauänderungen gerechnet werden muß. Wir nehmen an, die der ersten Rechnung zugrunde gelegten Daten würden nur die Verhältnisse während der nächsten fünf Jahre zutreffend wiedergeben. Nach dieser Zeit mögen Änderungen, z. B. der Nachfrage auf den verschiedenen Teilmärkten, gewisser Kostengrößen durch veränderte Beschaffungsmöglichkeiten usw. eintreten, so daß sich dann die — in unserem Beispiel vom fünften bis, sagen wir, zum zehnten Jahr — bestehenden Verhältnisse nicht mehr mit den ursprünglich zugrunde gelegten Daten in Einklang bringen lassen. Diese vom fünften Jahre an geltenden neuen Verhältnisse müssen folglich durch neue Daten zum Ausdruck gebracht werden. Schließlich mag es notwendig erscheinen, auch die Verhältnisse vom zehnten Jahre an wiederum durch eine neue Datenkonstellation zum Ausdruck zu bringen.

Der Einfluß dieser jeweils neuen Datenkonstellationen auf die Standortentscheidung läßt sich relativ einfach in folgender Weise erkennen: Die Rechnung ist für jede Datenkonstellation gesondert durchzuführen. Stellt man alsdann die Ergebnisse dieser drei Rechnungen zusammen, so wird z. B. offensichtlich, welcher Standort zwar zunächst (Datenkonstellation 1) Vorteile bietet, infolge der veränderten Verhältnisse aber immer mehr an „Qualität" verliert, so daß unter der Datenkonstellation 2, mehr noch nach Eintritt der Datenkonstellation 3, eine Produktion an diesem Standort nicht mehr oder doch nur in stark eingeschränktem Umfange wünschenswert erscheint. Andererseits wird deutlich, welche Standorte durch die künftigen Veränderungen an „Qualität" gewinnen mit der Folge, daß die Produktion zu diesen Standorten hinstrebt. Die Unternehmensleitung kann aus den Ergebnissen solcher Rechnungen nicht nur die jeweils unter einer bestimmten Datenkonstellation optimale Standortkombination, sondern — und darauf kommt es hier an — ihre optimale zeitliche Entwicklungsrichtung erkennen.

Sicher muß in dem hier betrachteten Beispiel sofort eine Entscheidung getroffen werden, eine Entscheidung, die sich sicherlich nicht nur auf die Verhältnisse nach zehn Jahren stützen darf. Immerhin wird die Unternehmensleitung, da eine Standortentscheidung das Unternehmen mehr oder weniger langfristig bindet, neben den Verhältnissen in den nächsten fünf Jahren auch die der späteren Jahre ins Auge fassen und mitberücksichtigen müssen. Sie wird sich bemühen, so zu operieren, daß im Laufe der Zeit eine unter den jeweils geltenden Verhältnissen möglichst günstige Anpassung der eigenen Standorte und der Verteilung der Produktion auf diese Standorte vorgenommen werden kann. Die Ergebnisse der fortlaufenden Einzelrechnungen, abgestellt jeweils auf eine bestimmte Datenkonstellation, bilden eine relativ gute Grundlage, die hierzu notwendigen Entscheidungen zu finden.

4. Ein Zahlenbeispiel

Im folgenden ist, um die Wirkungsweise des Modelles zu veranschaulichen, auch um auf die dynamischen Aspekte der Standortplanung noch etwas näher eingehen zu können, ein Zahlenbeispiel durchgerechnet.

a) Das Grundmodell

Zunächst seien die Daten, von denen das Modell auszugehen hat, wiedergegeben.

(1) Die Marktdaten

Das Erzeugnis könnte auf sieben Teilmärkten abgesetzt werden. Ob sich die Belieferung des einen oder anderen dieser Teilmärkte tatsächlich lohnt, muß die Rechnung erweisen. Das Erzeugnis auf anderen als den genannten sieben Teilmärkten zu verkaufen, ist mit Sicherheit unrentabel[29]. Die Nachfrageverhältnisse auf den genannten Teilmärkten lassen sich durch die folgenden Preis-Absatz-Funktionen charakterisieren. Es gilt:

Teilmarkt	Preis-Absatz-Funktion
I	$p_1 = 220 - 0{,}04\,x$
II	$p_2 = 200 - 0{,}05\,x$
III	$p_3 = 210 - 0{,}06\,x$
IV	$p_4 = 180 - 0{,}03\,x$
V	$p_5 = 120 - 0{,}1\ x$
VI	$p_6 = 110 - 0{,}1\ x$
VII	$p_7 = 120 - 0{,}08\,x$

Sie werden in folgender Weise approximiert:

Tabelle 1
Durchschnittliche Grenzerlöse in den Absatzintervallen (Situation 1)

Markt \ Intervall	1	2	3	4	5	Intervallbreite in ME
I	198	154	110	66	22	550
II	180	140	100	60	20	400
III	189	147	105	63	21	350
IV	162	126	90	54	18	600
V	108	84	60	36	12	120
VI	99	77	55	33	11	110
VII	108	84	60	36	12	150

[29] Die Beschränkung auf sieben Teilmärkte wurde im Beispiel deshalb vorgenommen, um den Rechenaufwand nicht zu groß werden zu lassen. Selbstverständlich können in einem konkreten Falle, wenn es notwendig erscheint, wesentlich mehr Teilmärkte betrachtet werden.

(2) Die Daten der Produktion

Die Zahl der möglichen Standorte beträgt 5. Auch hier wird erst die Rechnung zeigen, ob an dem einen oder anderen Standort tatsächlich ein Werk errichtet werden soll oder nicht. Die Produktions- und Kostenverhältnisse an den einzelnen Standorten spiegeln die folgenden langfristigen Kostenkurven wider.

$$\text{Werk bzw. Standort 1: } K = 120x - 0{,}36x^2 + 6 \cdot 10^{-4}x^3$$

$$\text{,, ,, ,, } 2: K = 120x - 0{,}15x^2 + 1 \cdot 10^{-4}x^3$$

$$\text{,, ,, ,, } 3: K = 140x - 0{,}12x^2 + 0{,}5 \cdot 10^{-4}x^3$$

$$\text{,, ,, ,, } 4: K = 140x - 0{,}36x^2 + 5 \cdot 10^{-4}x^3$$

$$\text{,, ,, ,, } 5: K = 200x - 0{,}3\ x^2 + 2 \cdot 10^{-4}x^3$$

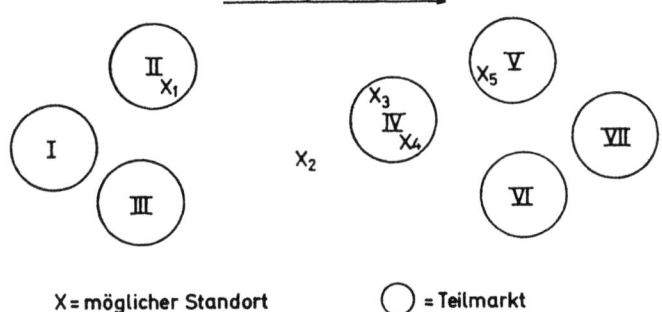

X = möglicher Standort eines Betriebes   ◯ = Teilmarkt

Abb. 8

Teilmärkte und mögliche Standorte der Betriebe

(3) Die Transportkosten

Die Transportkosten je Erzeugniseinheit von den verschiedenen Standorten zu den verschiedenen Teilmärkten sind in der nachstehenden *Tabelle 2* zusammengefaßt.

Tabelle 2

Transportkosten

Markt \ Betrieb	I	II	III	IV	V	VI	VII
1	33,62	8,0	18,0	16,82	64,98	72,0	103,68
2	49,0	18,6	23,12	8,0	50,0	50,0	79,38
3	88,45	39,6	56,18	1,12	20,48	29,64	46,08
4	128,0	73,2	81,92	2,88	11,52	8,0	20,48
5	163,8	95,22	112,5	9,25	3,65	6,13	9,68

(4) Die Daten der Finanzierung

Dem Unternehmen stehen zur Errichtung der Werke (Finanzierung des Anlagvermögens) insgesamt 2 Mill. DM zur Verfügung (B = 2 Mill. DM).

An Kapital wird in Abhängigkeit von der geplanten Ausbringung an den einzelnen Standorten benötigt[30]):

Tabelle 3

Variabler Kapitalbedarf

Stufe	Obere Grenzen der Produktionsstufen in ME					Kapitalbedarf je ME in GE
	Werk 1	Werk 2	Werk 3	Werk 4	Werk 5	
1	100	250	400	120	250	100
2	200	500	800	240	500	200
3	300	750	1200	360	750	300
4	400	1000	1600	480	1000	400
5	500	1250	2000	600	1250	500
6	600	1500	2400	720	1500	600

Außerdem ist mit der Errichtung der einzelnen Werke ein allein vom Standort abhängiger (fixer) Kapitalbedarf in folgender Höhe verbunden:

Tabelle 4

Fixer Kapitalbedarf

Werk	fixer Kapitalbedarf in GE
1	200 000
2	250 000
3	300 000
4	200 000
5	250 000

Aus diesem fixen Kapitalbedarf resultieren im Beispiel keine Kosten, die in der Zielfunktion berücksichtigt werden müßten; die damit finanzierten Ausgaben mögen der Erschließung des Standorts dienen und aktivierungsfähig sein[31]).

---

[30]) Im vorliegenden Beispiel ist eine von Verfahren zu Verfahren wachsende Kapitalintensität angenommen. Wie bereits erwähnt (s. S. 29 ff.) kann auch eine proportionale oder unterproportionale Entwicklung der Kapitalintensität angenommen werden.

[31]) Diese Annahme dient lediglich dazu, den Umfang der Rechenarbeiten zu beschränken. Sie ließe sich aufheben, ohne daß dadurch der Gang der Rechnung geändert werden müßte.

Durch die Wahl eines bestimmten Standortes können keine zusätzlichen finanziellen Mittel gewonnen werden.

Das Unternehmen wird so lange die verfügbaren Mittel in Sachinvestitionen anlegen, d. h. dazu verwenden, Produktionsstätten einzurichten, als die Verzinsung der letzten eingesetzten Kapitaleinheit gerade noch über 6 % liegt; c ist mithin der Wert 0,06 beizulegen.

Die Ergebnisse der Rechnung, basierend auf den soeben genannten Daten, sind in der folgenden Tabelle zusammengefaßt:

Tabelle 5
Ergebnisse

Betrieb / Markt	I	II	III	IV	V	VI	VII	Gesamtausbringung
1	400							400
2	150	400	450					1000
3				1200				1200
4								—
5								—
Gesamtabsatz	550	400	450	1200	—	—	—	2600
R = 660 000 DM				G = 253 760 DM				

Aus der Tabelle geht hervor:

1. Es sollen drei Werke errichtet werden.

2. Sie sind an den Standorten 1, 2 und 3 zu errichten.

3. Die Ausbringungsmengen in der zugrunde gelegten Zeitspanne sollen betragen: Werk 1: 400 ME, Werk 2: 1000 ME und Werk 3: 1200 ME.

4. Es sind jeweils die Verfahren zu wählen, die für die angegebenen geforderten Ausbringungsmengen am kostengünstigsten sind. Sie lassen sich leicht anhand der langfristigen Kostenkurven bestimmen.

5. Zu beliefern sind die Teilmärkte I, II, III und IV. Auf den Teilmärkten V, VI und VII zu verkaufen, empfiehlt sich nicht.

6. Wieviel auf den einzelnen Teilmärkten insgesamt abgesetzt werden soll, geht aus der Summenzeile der Tabelle 5 hervor. Setzt man die entsprechenden Mengen in die Preis-Absatz-Funktionen ein, so ergeben sich folgende Preise:

Teilmarkt I: P_1 = 198 GE

Teilmarkt II: P_2 = 180 GE

Teilmarkt III: P_3 = 183 GE

Teilmarkt IV: P_4 = 144 GE

7. Werk 1 soll den Teilmarkt I, Werk 2 die Teilmärkte I, II und III und Werk 3 den Teilmarkt IV beliefern. Welche Mengen jeweils zu liefern sind, zeigt die Tabelle.

Das Unternehmen wird nicht den ganzen zur Verfügung stehenden Kapitalbetrag investieren. Es verbleibt ein Rest von 660 000 DM. Handelt es sich bei den ursprünglich verfügbaren 2 Mill. DM in voller Höhe um Eigenmittel, so ist dieser Restbetrag in Finanzinvestitionen anzulegen. Bei teilweiser Fremdfinanzierung sind bei einem Zinssatz von 6% (gegebenenfalls abzüglich eines subjektiv bestimmten Risikozuschlages) an sich erhältliche Kredite in Höhe von 660 000 DM nicht in Anspruch zu nehmen.

Das Unternehmen wird unter den angenommenen Verhältnissen in der zugrunde gelegten Zeitspanne jeweils insgesamt einen Gewinn von 253 760 DM erzielen.

b) Dynamische Aspekte — Standortverlagerung

Es sei nun untersucht, wie bestimmte Entwicklungstendenzen der Nachfrage — hier Verschiebungen von den Teilmärkten I, II und III zu den Teilmärkten V, VI und VII hin — das Ergebnis beeinflussen würden. Die Unternehmensleitung rechnet damit, daß sich die Absatzlage auf den einzelnen Teilmärkten nachhaltig ändern wird: Einer laufenden Verbesserung der Absatzsituation auf den Teilmärkten V, VI und VII steht eine rückläufige Verkaufsentwicklung auf den Teilmärkten I, II und III gegenüber. Dies habe zur Folge, daß nach etwa fünf Jahren für die einzelnen Teilmärkte die folgenden Preis-Absatz-Funktionen gelten werden (Situation 2):

Teilmarkt	Preis-Absatz-Funktion
I	$p = 200 - 0,05 x$
II	$p = 200 - 0,08 x$
III	$p = 180 - 0,05 x$
IV	$p = 180 - 0,03 x$
V	$p = 200 - 0,08 x$
VI	$p = 150 - 0,06 x$
VII	$p = 140 - 0,04 x$

Unverändert geblieben ist lediglich die Preis-Absatz-Funktion des Teilmarktes IV.

Die neuen Preis-Absatz-Funktionen werden wie folgt approximiert:

Tabelle 6

Durchschnittliche Grenzerlöse in den Absatzintervallen (Situation 2)

Markt \ Intervall	1	2	3	4	5	Intervallbreite in ME
I	180	140	100	60	20	400
II	180	140	100	60	20	250
III	162	126	90	54	18	360
IV	162	126	90	54	18	600
V	180	140	100	60	20	250
VI	135	105	75	45	15	250
VII	126	98	70	42	14	350

Die unter diesen neuen Verhältnissen optimale Standortkombination und den optimalen Lieferplan bringen die Zahlen der *Tabelle 7* zum Ausdruck:

Tabelle 7

Ergebnisse nach der ersten Änderung der Nachfrageverhältnisse (Situation 2)

Betrieb \ Markt	I	II	III	IV	V	VI	VII	Gesamtausbringung
1	400							400
2		250	500					750
3				1200				1200
4								—
5					500	250		750
Gesamtabsatz	400	250	500	1200	500	250	—	3100
R = 360 000 DM				G = 242 910 DM				

Im Falle der Datenkonstellation 2 wäre es am vorteilhaftesten, vier Betriebe — an den Standorten 1, 2, 3 und 5 — zu errichten und zusätzlich die Teilmärkte V und VI zu beliefern. Den Teilmarkt VII zu beliefern, erweist sich trotz der dort eingetretenen Verbesserung der Absatzsituation nach wie vor als unrentabel. Die Verlagerung der Nachfrage hat auf den Teilmärkten I und II zu einer Kürzung der abzusetzenden Menge von 550 auf 400 bzw. von 400 auf 250 ME geführt[32]. Die optimale Ausbringung ist insgesamt um 500 ME gestie-

---

[32] Die Erhöhung der auf dem Teilmarkt III abzusetzenden Menge von 450 auf 500 ME — trotz der etwas ungünstiger gewordenen Absatzverhältnisse — beruht im wesentlichen auf den Kostengegebenheiten des Betriebes 2.

gen: Während der Betrieb 2 250 ME weniger ausbringen soll, ist am Standort 5 eine zusätzliche Produktion von 750 ME vorgesehen. Ferner sind gewisse Umverteilungen und Verschiebungen in der Belieferung der einzelnen Teilmärkte eingetreten. Betrieb 2 beispielsweise liefert nicht mehr an den Teilmarkt I, dafür aber 50 ME mehr an den Teilmarkt III. Von den verfügbaren Mitteln würden unter den geänderten Verhältnissen 360 000 DM nicht eingesetzt werden; der Periodengewinn geht auf 242 910 DM zurück.

In einem zweiten Schritt sei angenommen, daß sich nach einer bestimmten Zeitspanne die Absatzverhältnisse auf den Teilmärkten nochmals in gleicher Richtung nachhaltig ändern, so daß im dritten Zeitabschnitt (z. B. nach insgesamt acht Jahren) schließlich folgende Preis-Absatz-Funktionen gelten:

Teilmarkt	Preis-Absatz-Funktion
I	$p = 120 - 0,08 x$
II	$p = 110 - 0,1 \ x$
III	$p = 120 - 0,1 \ x$
IV	$p = 180 - 0,03 x$
V	$p = 210 - 0,06 x$
VI	$p = 200 - 0,05 x$
VII	$p = 220 - 0,04 x$

Unverändert geblieben ist wiederum lediglich die Preis-Absatz-Funktion des Teilmarkts **IV**.

Die neuen Preis-Absatz-Funktionen werden wie folgt approximiert:

Tabelle 8

Durchschnittliche Grenzerlöse in den Absatzintervallen (Situation 3)

Markt \ Intervall	1	2	3	4	5	Intervallbreite in ME
I	108	84	60	36	12	150
II	99	77	55	33	11	110
III	108	84	60	36	12	120
IV	162	126	90	54	18	600
V	189	147	105	63	21	350
VI	180	140	100	60	20	400
VII	198	154	110	66	22	550

Die optimale Standortkombination und den optimalen Lieferplan bei Gültigkeit der Datenkonstellation 3 zeigen die Zahlen der *Tabelle 9*:

Tabelle 9
Ergebnisse nach der zweiten Änderung der Nachfrageverhältnisse
(Situation 3)

Betrieb \ Markt	I	II	III	IV	V	VI	VII	Gesamt-ausbringung
1								—
2				750				750
3				450	700	50		1200
4						350	130	480
5							750	750
Gesamtabsatz	—	—	—	1200	700	400	880	3180
R = 340 000 DM				G = 272 890 DM				

Die Verbesserung der Absatzsituation auf dem Teilmarkt VII führt jetzt dazu, daß auch dieser Teilmarkt beliefert wird. Es sollen dort insgesamt 880 ME verkauft werden. Sie sind von den Betrieben 4 und 5 zu liefern, d. h. es soll nun auch am Standort 4 eine Produktionsstätte errichtet werden. Einen Betrieb am Standort 1 zu unterhalten, ist in der Situation 3 nicht mehr zweckmäßig; ebensowenig wie eine Belieferung der Teilmärkte I, II und III.

Ein Vergleich der Tabellen 7 und 9 zeigt, welche weiteren Verschiebungen und Umverteilungen auftreten.

Um die Frage beantworten zu können, an welchen Standorten zum Zeitpunkt 0 Werke in welcher Größe errichtet werden sollen, ist es von entscheidender Bedeutung zu wissen, welche Gesamtausbringungen der Werke unter den verschiedenen aufeinander folgenden Datenkonstellationen jeweils optimal sind. Keine Rolle spielen dagegen Umverteilungen in der Belieferung: Es ist für die Entscheidung, ob an einem bestimmten Standort ein Werk errichtet werden soll, nicht wesentlich, welche Teilmärkte dieses Werk beliefern soll.

In der folgenden *Tabelle 10* sind die unter den betrachteten drei Datenkonstellationen jeweils optimalen Ausbringungen nebeneinander gestellt.

Es zeigt sich, daß die Werke 2 und 3 durch die angenommenen Nachfrageveränderungen kaum betroffen werden. Es ist darum für das Unternehmen in jedem Falle günstig, am Standort 2 einen Betrieb, ausgerichtet auf eine Ausbringung in der Spitze von 1000 ME, und am Standort 3 ein Werk für eine Ausbringung von 1200 ME zu errichten. Darüber hinaus erscheint es zweckmäßig, sich an den Standorten 4 und 5 — insbesondere gilt dies für den Standort 5 — geeignete Grundstücke zu sichern, so daß in Anpassung an die erwarteten Nachfrageverlagerungen auch dort, sobald ein entsprechender Bedarf auftritt, Werke errichtet werden können.

Tabelle 10

Gesamtausbringungen

Daten- konstel- lation Betrieb	1	2	3
	ME	ME	ME
1	400	400	—
2	1000	750	750
3	1200	1200	1200
4	—	—	480
5	—	750	750

Ob es günstig ist, am Standort 1 einen Betrieb aufzubauen, muß näher geprüft werden. Das Ergebnis der Rechnung jedenfalls läßt es sehr zweifelhaft erscheinen; denn schon von der Datenkonstellation 2 an sind die Qualitäten dieses Standorts so schlecht, daß es sich nicht mehr lohnen würde, dort die Produktion aufzunehmen.

Um den Einfluß der Transportkosten sichtbar zu machen, ist im folgenden das soeben betrachtete Beispiel nochmals durchgerechnet, jetzt aber unter der V o r a u s s e t z u n g   w e s e n t l i c h   n i e d r i g e r e r   T r a n s p o r t k o -
s t e n. An die Stelle der Transportkosten der Tabelle 2 treten die Transportkosten der folgenden *Tabelle 11*.

Tabelle 11

	1	2	3	4	5	6	7
1	0,82	0,4	0.6	0,58	1,14	1,2	1,44
2	0,99	0,61	0,68	0,4	1,0	1,0	1,26
3	1,33	0,89	1,06	0,15	0,64	0,77	0,96
4	1,6	1,21	1,28	0,24	0,48	0,40	0,64
5	1,81	1,38	1,50	0,43	0,27	0,35	0,44

Unter im übrigen unveränderten Ausgangsdaten erhalten wir für die verschiedenen Absatzsituationen folgende Ergebnisse:

Tabelle 12
Ergebnis der Nachfragesituation 1

B \ M	I	II	III	IV	V	VI	VII	Gesamt-ausbringung
1	370							370
2	330		670					1000
3	400	800						1200
4			30	330				360
5				750				750
Gesamtabsatz	1100	800	700	1080	—	—	—	3680
R = 0 DM				G = 323 710 DM				

Tabelle 13
Ergebnis der Nachfragesituation 2

B \ M	I	II	III	IV	V	VI	VII	Gesamtaus-bringung
1	160	220						380
2	640		360					1000
3		280		920				1200
4				280	80			360
5					500	170	70	740
Gesamtabsatz	800	500	360	1200	500	250	70	3682
R = 0 DM				G = 289 500 DM				

Tabelle 14
Ergebnis der Nachfragesituation 3

	I	II	III	IV	V	VI	VII	Gesamtaus-bringung
1				370				370
2				560		440		1000
3				150	700		350	1200
4						360		360
5							750	750
Gesamt-absatz	—	—	—	1080	700	800	1100	3680
R = 0 DM				G = 324 320 DM				

Ein Vergleich der Gesamtausbringungen (jeweils letzte Spalte der *Tabellen 12 bis 14*) zeigt, daß sie sich trotz der recht erheblichen Nachfrageverschiebungen kaum verändert haben. Die Nachfrageverschiebungen haben lediglich eine andere Belieferung der Teilmärkte zur Folge: Während in der Situation 1 nur die Märkte I bis IV beliefert werden, ist es in der Situation 2 am günstigsten, sämtliche Märkte zu bedienen. In der Nachfragesituation 3 schließlich ist es am vorteilhaftesten, nur auf den Teilmärkten IV bis VII anzubieten.

Künftige Nachfrageverschiebungen sind für die Standortwahl um so weniger von Bedeutung, je niedriger die Transportkosten im Vergleich zu den übrigen Kosten liegen. In jedem Falle bedeutsam sind dagegen künftige Änderungen der Produktionskosten, sofern sie standortabhängig sind, also die bisher bestehenden Relationen zwischen den Produktionskosten der an den verschiedenen Standorten errichteten Betriebe verändern. Ursachen für solche Veränderungen können beispielsweise veränderte Verkehrsverhältnisse, Verbesserungen oder auch Verschlechterungen in den Bezugsmöglichkeiten, unterschiedliche Entwicklungen auf dem Arbeitsmarkt u. ä. m. sein.

B. Das Mehrproduktunternehmen

Die bisher angestellten Überlegungen bezogen sich ausschließlich auf Einproduktunternehmen. Es sei nun die Frage gestellt, welche Ergänzungen der Analyse notwendig werden, wenn das betrachtete Unternehmen mehrere Erzeugnisse herstellt und anbietet.

Für jedes dieser Erzeugnisse existiere eine Anzahl von Teilmärkten. Ein bestimmtes Marktgebiet kann Teilmarkt des einen und gleichzeitig Teilmarkt eines anderen Erzeugnisses sein. Die Teilmärkte der verschiedenen Produkte können hinsichtlich ihrer geographischen Grenzen übereinstimmen, sie brauchen es aber nicht.

1. Erweiterung des Modells I (Modell I B)

Zur Produktion der verschiedenen Erzeugnisse mögen jeweils die gleichen Anlagen eingesetzt werden können. (Beispiele: In einem Blechwalzwerk können Bleche unterschiedlicher Dicke aus unterschiedlichen Stahllegierungen hergestellt werden. Auf einem Rohrwalzwerk lassen sich Rohre der verschiedensten Durchmesser herstellen, usw.).

Diese Voraussetzung wirkt zweifellos einschränkend; sie ermöglicht es aber, die Rechnung wesentlich einfacher zu gestalten als dann, wenn von dem allgemeineren Falle einer nur zum Teil gemeinsamen Nutzung der Anlagen ausgegangen werden würde. Dieser allgemeine Fall ist im letzten Abschnitt betrachtet.

Nimmt man an, wie wir es hier tun wollen, daß die verschiedenen Erzeugnisse eines Unternehmens auf der gleichen Anlage oder der gleichen Anlagengruppe hergestellt werden können, so ist diese Anlage bzw. Anlagengruppe gleichbedeutend mit dem angewandten Verfahren. Wie im Fall des Einproduktunternehmens besteht nun die Aufgabe darin, die Grenzen zu bestimmen, innerhalb derer ein bestimmtes Verfahren eingesetzt werden soll.

Im Falle der Einproduktfirma lassen sich diese Grenzen in Mengeneinheiten des hergestellten einen Erzeugnisses ausdrücken. Im Falle der Mehrproduktunternehmung versagt dieser Maßstab. Entscheidend für den Übergang von einem Verfahren zu einem anderen ist jetzt allein die Verwirklichung einer bestimmten Kostensituation. Dies sei im folgenden etwas näher erläutert.

Die variablen Stückkosten zweier Erzeugnisse werden auch dann, wenn diese Erzeugnisse auf der gleichen Anlage bzw. Aggregatgruppe gefertigt werden, in der Regel aus zwei Gründen differieren:

a) die für eine Einheit des jeweiligen Erzeugnisses benötigte Maschinenzeit wird in der Regel verschieden lang sein;

b) die Kosten pro Zeiteinheit (z. B. pro Maschinenstunde) werden verschieden hoch sein, je nachdem, welches Erzeugnis gefertigt wird.

Im weiteren seien zwei Erzeugnisse und zwei Verfahren betrachtet. Die variablen Stückkosten ($k_{\nu z}$) mögen betragen:

	Verfahren 1	Verfahren 2
Erzeugnis 1	8	5
Erzeugnis 2	4,5	4

Das Verfahren 1 verursache fixe Kosten in Höhe von $F_1 = 500$, das Verfahren 2 in Höhe von $F_2 = 2700$.

Der folgenden Gleichung läßt sich entnehmen, bei welchen Kombinationen von x_1 (gefertigte Menge des Erzeugnisses 1) und x_2 (gefertigte Menge des Erzeugnisses 2) beide Verfahren zu gleich hohen Kosten führen würden.

(38) $\quad (k_{11} - k_{21}) \cdot x_1 + (k_{12} - k_{22}) \cdot x_2 = F_2 - F_1$

$\quad\quad (8-5) \cdot x_1 + (4,5-4,0) \cdot x_2 = 2700-500$

An die Stelle einer kritischen Menge treten eine Reihe kritischer Mengenkombinationen. Eine dieser Kombinationen ist beispielsweise: $x_1 = 600$ und $x_2 = 800$.

Nehmen x_1 und x_2 solche Werte an, daß die linke Seite der Gleichung (38) größer wird als ihre rechte Seite, so ist das Verfahren 2, für Werte von x_1 und x_2, die die linke Seite der Gleichung kleiner werden lassen als die rechte, das Verfahren 1 das kostengünstigere.

Jedem in Frage kommenden Verfahren, charakterisiert durch den Einsatz bestimmter Aggregate, läßt sich mithin durch Gleichungen der Art (38) ein bestimmter Ausbringungsbereich zuordnen, in dem mit Hilfe dieses Verfahrens am kostengünstigsten produziert werden kann. Bei der Bestimmung der fixen Kosten des Verfahrens ist von der Kapazität auszugehen, die dem Ausbringungsbereich entspricht.

Ist der einem Verfahren zuzuordnende Produktionsbereich so weit, daß innerhalb dieses Bereiches multiple Erweiterungen der Kapazität des Verfahrens notwendig werden — dies gilt insbesondere für das Verfahren mit dem höchsten v-Wert, das nach oben nicht begrenzt ist —, so sind die dabei auftretenden sprungfixen Kosten zu proportionalisieren und die Größen k_{gz}, des Verfahrens v entsprechend höher anzusetzen[33]).

Allgemein soll gelten: Das Verfahren v unterscheidet sich vom Verfahren $v+1$ dadurch, daß die variablen Stückkosten für sämtliche Erzeugnisse höher, die fixen Kosten dagegen niedriger liegen als die des Verfahrens $v+1$. Kostensteigernde Einflüsse, die bei steigender Produktion unter Umständen wirksam werden können (vgl. die langfristige Kostenkurve der Abbildung 5), seien hier ausgeklammert[34]).

Es ist darauf zu achten, daß nur solche Verfahren als möglich vorgegeben werden dürfen, die nicht gänzlich von anderen dominiert werden; d. h. für jedes der vorgegebenen Verfahren muß ein Ausbringungsintervall existieren, in dem dieses Verfahren das kostengünstigste ist.

Ein Modell, das die in diesem Abschnitt aufgeworfene Frage nach der optimalen Standortkombination eines Mehrproduktunternehmens zu beantworten erlaubt, läßt sich nun unter Berücksichtigung der soeben dargelegten Zusammenhänge durch entsprechende Ergänzungen aus dem in Abschnitt III A beschriebenen Modell relativ leicht entwickeln.

Die Zielfunktion (26) und die Nebenbedingungen (29) bis (32) sind durch Hinzufügen des Produktindex zu ergänzen. Sie lauten für den hier betrachteten Fall der Mehrproduktunternehmung:

---

[33]) Unter Umständen ist in diesem Falle die Kapazität des vorletzten Verfahrens (Verfahren v_{l-1}) durch eine zusätzliche Nebenbedingung zu begrenzen.

[34]) Im Rahmen des Modelles II, Abschnitt III B 2, werden auch solche möglichen Einflüsse berücksichtigt.

(1) Die Zielfunktion:

(39) $\qquad G = \sum\limits_{hz\mu} M_{hz\mu} \cdot U'_{hz\mu} - \qquad \sum\limits_{gz\nu} H_{gz\nu} \cdot k_{gz\nu} - \sum\limits_{ghz} X_{ghz} \cdot T_{ghz}$

$\qquad\qquad\qquad$ Erlöse $\qquad\qquad$ fixe und $\qquad\qquad$ Transportkosten[35]
$\qquad\qquad\qquad\qquad\qquad\qquad$ variable Kosten
$\qquad\qquad\qquad\qquad\qquad\qquad$ der Produktion

$\qquad\qquad\qquad\qquad\qquad\qquad\qquad\qquad + c \cdot R \rightarrow max$
$\qquad\qquad\qquad\qquad\qquad\qquad\qquad\qquad$ Ertrag aus
$\qquad\qquad\qquad\qquad\qquad\qquad\qquad\qquad$ Finanzinvestitionen

(2) Die Absatzbedingungen:

(40) $\qquad M_{hz\mu} \leqq M^\circ_{hz\mu} \qquad\qquad$ (für alle h, z und μ)

(3) Die Mengenbedingungen, bezogen auf die Betriebe:

(41) $\qquad \sum\limits_{h} X_{ghz} = \sum\limits_{\nu} H_{gz\nu} \qquad\qquad$ (für alle g und z)

(4) Die Mengenbedingungen, bezogen auf die Märkte:

(42) $\qquad \sum\limits_{g} X_{ghz} = \sum\limits_{\mu} M_{hz\mu} \qquad\qquad$ (für alle h und z)

(5) Die Finanzierungsbedingung:

(43) $\qquad \sum\limits_{gz\nu} H_{gz\nu} \cdot C'_{gz\nu} + R \leqq B$

An die Stelle der Produktionsbedingungen (27) und der Reihenfolgebedingungen (28a) bis (28c) des Modelles I tritt folgendes System von Ungleichungen.

(6) Produktionsbedingungen:

(44) $\qquad \sum\limits_{z} [(k_{gz,\nu_m} - k_{gz,\nu_m+1}) \cdot \sum\limits_{\nu=1}^{\nu_m} H_{gz\nu}] - u_{g,\nu_m+1}(F_{g,\nu_m+1} - F_{g\nu}) \geqq 0$

$\qquad\qquad\qquad\qquad\qquad\qquad\qquad\qquad\qquad\qquad\qquad\qquad$ für alle g und ν_m

---

[35] Das Glied $\sum\limits_{zg\nu} H_{gz\nu} \cdot k_{gz\nu}$ gibt die variablen **und** fixen Kosten wider, die bei der

Erzeugung der Mengen $\sum\limits_{\nu=1}^{\nu_m} H_{gz\nu}$ (z = 1, 2, ...) mit Hilfe des Verfahrens $\nu = \nu_m$ entstehen.

Es besteht die Beziehung

$\sum\limits_{z\nu} H_{gz\nu} \cdot k_{gz\nu} = k_{gz\nu_m} \cdot \sum\limits_{\nu=1}^{\nu_m} H_{gz\nu} + F_{\nu_m} \qquad\qquad$ für alle g

(45) $\sum_z H_{gz,\nu_m+1} - u_{g,\nu_m+1} \cdot L \leqq 0$[36])   für alle g und ν_m

(7) R e i h e n f o l g e b e d i n g u n g :

(46) $u_{g,\nu+2} - u_{g,\nu+1} \leqq 0$ $0 \leqq u_{g\nu} \leqq 1$ $u_{g\nu}$ ganzzahlig!

für alle g und ν

Die Gleichung (44) besagt, daß die Ganzahligkeitsvariable u_{g,ν_m+1} den Wert
0 annehmen muß, falls das erste Glied der Gleichung kleiner ist als das zweite,
d. h. der Bereich des Verfahrens (ν_m+1) noch nicht erreicht ist. Gleichung (45)
stellt demgegenüber sicher, daß u_{g,ν_m+1} den Wert 1 annimmt, wenn mindestens
eine der Größen H_{gz,ν_m+1} positiv ist, d. h. die Grenzen zum Bereich des Verfahrens (ν_m+1) überschritten sind. Eine der Größen H_{gz,ν_m+1} kann aber nur
dann positiv werden, wenn das erste Glied der Gleichung (44) größer ist als
das zweite Glied, nur dann nämlich kann u_{g,ν_m+1} unter der Bedingung (45) den
Wert 1 erhalten.

Die Gleichung (46) schließlich gewährleistet, daß $u_{g\nu_m}$ nur dann den Wert 1
annehmen kann, wenn sämtliche $u_{g\nu}$ mit $\nu < \nu_m$ ebenfalls 1 sind, d. h. sämtliche
davorliegenden Produktionsintervalle voll ausgenutzt werden.

Den Größen $H_{gz\nu}$ kann das Modell innerhalb bestimmter Grenzen beliebige
Werte beilegen. Es müssen lediglich die beiden folgenden Bedingungen erfüllt sein.

a) Der Ausdruck $\sum H_{gz\nu}$ muß gerade der Menge des Produktes z entsprechen,

   die im Werk des Standortes g ausgebracht werden soll.

b) Die $H_{gz\nu}$ sind so zu wählen, daß die Bedingungen (44) und (45) erfüllt sind.

Jede Kombination der Größen $H_{gz\nu}$, die diesen beiden Bedingungen entspricht, stellt eine Lösung des Problems dar. Alle diese Kombinationen bedeuten ökonomisch das gleiche; es ist mithin irrelevant, welche Kombination
das Modell letztlich als Lösung anbietet.

2. Beschreibung des Modells II

Die bisher dargestellten Modelle des Typs I beruhen hinsichtlich dreier Daten-
gruppen auf Approximationen. Es handelt sich dabei

1. um die langfristigen Kostenkurven der Standorte; sprungfixe Kosten, die
   im Falle einer Erweiterung der Kapazität des gleichen Verfahrens in dem
   ihm zuzuordnenden Ausbringungsbereich auftreten, werden, um zur langfristigen Kostenkurve zu gelangen, proportionalisiert, die wirklichen Verhältnisse insofern nur annäherungsweise dargestellt;

---

[36]) Die $H_{gz\nu}$ sind in Mengeneinheiten zu messen. Da diese Mengeneinheiten von
Produkt zu Produkt verschieden sind, besagt der Ausdruck $\sum_z H_{gz\nu}$, daß ungleichartige
Größen zu addieren sind. In dem hier vorliegenden Falle stört dies nicht, weil es
allein darauf ankommt, ob $\sum_z H_{gz\nu}$ einen positiven Wert oder den Wert Null annimmt.

2. um die Kapitalbedarfskurve der Standorte; entstanden aus der Approximation der den effektiven Kapitalbedarf widerspiegelnden Treppenkurve durch eine stetige Kurve (vgl. Abbildung 6a);

3. um die Preis-Absatz-Funktionen der Teilmärkte, die durch ein System von Quasipreisen (gleich durchschnittliche Grenzerlöse in einem bestimmten Absatzintervall) ersetzt werden (vgl. Abbildung 7).

(Die Kurvenarten 1. und 2. werden obendrein durch Polygonzüge angenähert.)

Im folgenden sei ein Modell beschrieben, welches erlaubt, auf die beiden zuerst genannten Approximationen zu verzichten. Nach wie vor bleibt die Approximation der Preis-Absatz-Funktionen durch ein System von Quasipreisen bestehen. Der Verzicht auf diese Annäherung würde den Übergang zu der in ihrer Durchführung wesentlich komplizierteren quadratischen Programmierung bedeuten.

Wir gehen jetzt von der Vorstellung ab, daß für jeden Standort eine langfristige Kostenkurve bekannt sei. Diese Vorstellung wird ersetzt durch die Annahme, daß jeweils mehrere unterschiedliche Verfahren existieren, die zur Durchführung der vorgesehenen Produktion herangezogen werden könnten. Jedes dieser Verfahren werde durch ein bestimmtes Aggregat i oder eine bestimmte Aggregatgruppe repräsentiert. Die Aufgabe besteht nunmehr darin, das für einen bestimmten Standort optimale Verfahren zu ermitteln und richtig zu dimensionieren. Dabei sei es möglich, am gleichen Standort nebeneinander zwei oder auch mehr Verfahren zur Herstellung der gleichen Produkte einzusetzen. Ein solcher „zweigleisiger" Aufbau eines Betriebes erweist sich z. B. in der folgenden Situation als günstig: Die gewünschte Ausbringung möge bei 1 200 Erzeugniseinheiten liegen. Bei Vollauslastung eines Aggregates des Verfahrens A wird ein Ausstoß von 1 000 Erzeugniseinheiten in der Periode erreicht. Die Anschaffung eines zweiten Aggregates dieser Art zur Herstellung der restlichen Menge von 200 Einheiten würde zu einer unverhältnismäßig hohen Belastung durch zusätzliche fixe Kosten führen, da dieses zweite Aggregat nur zu einem Fünftel seiner Kapazität ausgelastet werden könnte. Es empfiehlt sich hier, stattdessen ein Aggregat des Verfahrens B einzusetzen, dessen Kapazität bei — sagen wir — 400 Einheiten liegen möge, und dessen Anschaffung dementsprechend eine weit geringere Belastung an fixen Kosten zur Folge hätte.

Von jedem ein bestimmtes Verfahren repräsentierenden Aggregat (Aggregatgruppe) sind bekannt:

A_{gi} = Anschaffungskosten der Anlage i am Standort g

A^*_{gi} = Abschreibungen in der zugrunde gelegten Periode

F_{gi} = die durch das Vorhandensein der Anlage i am Standort g entstehenden fixen Kosten

k_{gzi} = die variablen Kosten (ausschließlich der Materialkosten) je Einheit des Erzeugnisses z[37])

x_{gzi} = die Ausbringung der Anlage pro Zeiteinheit, gemessen in Mengeneinheiten des Erzeugnisses z[37])

f_{gizr} = der Verbrauch an Einsatzmaterial r für eine Einheit des Erzeugnisses z, hergestellt auf der Anlage i am Standort g[37])

Von den Einsatzmaterialien r ist angenommen, daß am Standort g pro Periode nur höchstens die Menge $Q^°_{gr1}$ zum Preis q_{gr1} erhältlich ist. Wird mehr benötigt, so kann eine zusätzliche Menge in Höhe von $Q^°_{gr2}$ zu dem höheren Preis q_{gr2} bezogen werden. Im nächsten Intervall $Q^°_{gr3}$ ist der Preis q_{gr3} zu zahlen usw. (Der laufende Index dieser Mengenintervalle auf dem Beschaffungsmarkt sei mit ϱ bezeichnet.)

Ausgehend von diesen neuen Daten und unter Benutzung einiger der bereits in den vorhergehenden Abschnitten verwendeten, läßt sich die Zielfunktion des hier zu beschreibenden Modelles — da das Unternehmen nach Gewinnmaximierung strebe, handelt es sich um eine Gewinnfunktion — folgendermaßen formulieren:

(48) $G = \sum\limits_{hz_\mu} M_{hz_\mu} \cdot U'_{hz_\mu}$ Erlöse aus dem Verkauf der Erzeugnisse

$- \sum\limits_{gzi} t_{gzi} \cdot x_{gzi} \cdot k_{gzi}$ Variable Kosten der Produktion (ohne Materialkosten)

$- \sum\limits_{gr\varrho} q_{gr\varrho} \cdot Q_{gr\varrho}$ Materialkosten

$- \sum\limits_{gi} \bar{a}_{gi} (F_{gi} + A^*_{gi})$ fixe Kosten der Produktion und Abschreibungen

$- \sum\limits_{ghz} X_{ghz} \cdot T^*_{ghz}$ Transportkosten

$+ c \cdot R$ Erlös aus Finanzinvestitionen

Als Variable treten in dieser Funktion folgende Größen auf:

t_{gzi} = Produktionszeit auf dem Aggregat i am Standort g, vorgesehen für das Erzeugnis z. Sind diese Größen bestimmt, so liegt auch fest, was und wieviel in den einzelnen Werken zu produzieren ist.

$\bar{a}_{gi}$ = Anzahl der Aggregate i, die am Standort g eingesetzt werden sollen. Mit den Größen $\bar{a}_{gi}$ sind die Kapazitäten der Produktionsstätten an den einzelnen Standorten festgelegt.

---

[37]) Sind mehrere Produktionsstufen zu unterscheiden und können die Anlagen mit unterschiedlichen Intensitäten gefahren werden, so ist bei der Bestimmung der Stückkosten auch nach diesen beiden Merkmalen zu unterscheiden. An die Stelle der k_{gzi} treten die Größen k_{gzsij}. Das gleiche gilt im Hinblick auf die Größen x_{gzi} und f_{gizr}. Die Verbrauchsfaktoren f_{gizrsj} beziehen sich auf eine Produkteinheit der Fertigungsstufe 1, also f_{gizr1j}.

X_{ghz} = Menge des Erzeugnisses z, die vom Betrieb g an den Teilmarkt h zu liefern ist.

$Q_{gr\varrho}$ = Menge des Einsatzmaterials r, die von Betrieb g im Beschaffungsmarktintervall ϱ einzukaufen ist.

Bei der Maximierung der Zielfunktion sind eine Reihe von Nebenbedingun·· gen zu beachten.

(1) Die Kapazitätsbedingungen:

(49) $\displaystyle\sum_{z} t_{gzi} \leqq \bar{a}_{gi} \cdot \overline{T}_{gi}$ für alle g und i

Die Gleichungen (49) stellen sicher, daß nicht mehr Maschinenzeit in Anspruch genommen wird, als zur Verfügung steht.

(2) Die Absatzbedingungen:

(40) $M_{hz\mu} \leqq M^{\circ}_{hz\mu}$ für alle h, z und μ

Im Intervall μ des Marktes h, bezogen auf das Erzeugnis z, kann höchstens die Menge des Erzeugnisses abgesetzt werden, die der Spannweite des Intervalles entspricht. Die Einhaltung der richtigen Reihenfolge der Marktintervalle ist automatisch gewährleistet, da für die „Preise" (besser: durchschnittliche Grenzerlöse) die Beziehung $U'_{hz\mu} > U'_{hz\mu+1}$ für alle h, z, μ gilt.

(3) Die Mengenbedingungen, bezogen auf die Betriebe:

(50) $\displaystyle\sum_{h} X_{gzh} = \sum_{i} t_{gzi} \cdot x_{gzi}$ für alle g und z

Die Gleichungen (50) besagen, daß das Werk g gerade so viel vom Erzeugnis z an die Teilmärkte liefert, wie es produziert.

(4) Die Mengenbedingungen, bezogen auf die Märkte:

(42) $\displaystyle\sum_{\mu} M_{hz\mu} = \sum_{g} X_{ghz}$ für alle h und z

Die Gleichungen (42) sorgen dafür, daß die auf einem Markte abgesetzte Menge des Erzeugnisses z gerade mit der diesem Markt gelieferten Menge übereinstimmt.

(5) Die Bedingungen der Materialbeschaffung:

(51) $\displaystyle\sum_{zi} f_{gzir} \cdot t_{gzi} \cdot x_{gzi} \leqq \sum_{\varrho} Q^{\circ}_{gr\varrho}$ für alle g und r

(52) $Q_{gr\varrho} \leqq Q^{\circ}_{gr\varrho}$ für alle g, r, ϱ

Ungleichung (51) stellt sicher, daß der aus der vorgesehenen Produktion resultierende Materialbedarf mit dem Materialeinkauf übereinstimmt. Daß zu einem bestimmten Preise $q_{gr\varrho}$ nur eine bestimmte Menge des Materiales r eingekauft werden kann, die Menge nämlich, die der Spannweite des Beschaffungsintervalls ϱ entspricht, bringen die Ungleichungen (52) zum Ausdruck. Die Nutzung der Marktintervalle in der richtigen Reihenfolge ist automatisch durch die Beziehung $q_{gr\varrho} < q_{gr\varrho+1}$ gewährleistet.

(6) Die Finanzierungsbedingung:

(53) $\sum\limits_{gi} \bar{a}_{gi} \cdot A_{gi}$	Anschaffungskosten der Aggregate
$+ \sum\limits_{gz} u'_{gz} \sum\limits_{i} k_{gzi} \cdot x_{gzi} \cdot t_{gzi} + \sum\limits_{g} \bar{u}'_g \sum\limits_{i} \bar{a}_{gi} \cdot F_{gi}$	Kapitalbedarf variable und fixe Kosten der Produktion (ohne Material)
$+ \sum\limits_{gr} u''_{gr} \sum\limits_{\varrho} q_{gr\varrho} Q_{gr\varrho}$	Kapitalbedarf Materialkosten
$+ R$	In Finanzinvestitionen angelegter Betrag
$\leq B$	zu Beginn verfügbarer Betrag

Die Größen u'_{gz}, u'_g und u''_{gr} stellen Finanzierungsfaktoren dar.

Durch Multiplikation dieser Faktoren mit den jeweils durch die gleichen Indizes gekennzeichneten variablen und fixen Produktionskosten beziehungsweise Materialkosten ergibt sich der Kapitalbetrag, der zur Finanzierung der Produktion erforderlich ist[38]).

Das soeben dargestellte Modell läßt sich nach verschiedenen Richtungen hin ausbauen.

Durch Einfügen einer Ganzzahligkeitsvariablen v_g kann dem Umstand Rechnung getragen werden, daß bei der Errichtung eines Betriebes vorab für Erschließungsarbeiten u. ä. ein bestimmter Kapitalbetrag bereitgestellt werden muß. Falls ein Teil dieser Ausgabe als Aufwand verrechnet werden soll, läßt sich dies mit Hilfe der gleichen Ganzzahligkeitsvariablen erreichen. Sie ermöglichen es schließlich, für den Fall, daß dem Unternehmen mit der Wahl eines bestimmten Standortes zusätzliche Finanzierungsmittel zufließen, auch diesen Umstand im Rahmen des Modelles zu berücksichtigen[39]).

---

[38]) Das hier beschriebene Modell hat die gleichen Grundlagen und beruht auf ähnlichen Überlegungen wie die auf der linearen Optimierungsrechnung basierenden Investitionsmodelle (vgl. hierzu H. Jacob, Neuere Entwicklungen in der Investitionsrechnung, Wiesbaden 1964, S. 38 ff. und S. 64 f.). Daß Investitionsmodelle dieser Art auch zur Lösung von Standortfragen im Handel (Errichtung von Filialsystemen) durch eine entsprechende Um- und Ausgestaltung nutzbar gemacht werden können, hat R. Gümbel in seinem Vortrag „Die Behandlung von Standortproblemen mit Methoden der Unternehmensforschung" auf der Tagung der DGU, Berlin, Oktober 1966, umfassend und überzeugend dargelegt. Siehe ferner A. S. Manne, Plant Location under Economics-of-Scale-Decentralisation and Computation, Management Science, Vol. 11, S. 213 ff.; Th. Victorisz, Industrial Development Planning Models with Economics of Scale and Indivisibilities, Regional Science Association, Papers Vol. XII (1964), S. 157 ff.

[39]) Vgl. hierzu die Ausführungen in Abschnitt III A 2, S. 33 ff.

Wir hatten eingangs darauf hingewiesen, daß jedes Verfahren durch ein bestimmtes Aggregat bzw. eine bestimmte Aggregatgruppe repräsentiert wird. Jedes dieser Verfahren ist gemäß Voraussetzung für die Produktion aller vorgesehenen Erzeugnisse verwendbar. Jedoch kann es notwendig werden, für die Herstellung eines bestimmten Erzeugnisses jeweils noch zusätzliche Spezialaggregate einzusetzen. Auch dieser Fall ist durch das soeben beschriebene Modell voll gedeckt. Es bedarf keinerlei Veränderungen in der Formulierung. Lediglich die Anzahl der gegebenenfalls anzuschaffenden Aggregatarten wird entsprechend größer. Es kommt die Gruppe derer hinzu, die nur jeweils für die Herstellung eines (oder weniger) Erzeugnisse herangezogen werden können. Der Gang der Rechnung bleibt ebenfalls unverändert.

Um ein bestimmtes Erzeugnis herzustellen, ist es oft notwendig, mehrere Produktionsstufen zu durchlaufen. Dabei brauchen die Aggregattypen auf den einzelnen Stufen nicht zwangsläufig miteinander verknüpft zu sein. Während auf der Stufe 1 beispielsweise der Aggregattyp 1 Verwendung findet, kann auf der Stufe 2 entweder der Aggregattyp 2 oder der Aggregattyp 3 eingesetzt werden usw. Das Modell läßt sich durch eine weitergehende Differenzierung der Daten und Variablen, wie oben bereits angedeutet, auch auf einen solchen Fall der mehrstufigen Produktion anwenden. Ebenso ließe sich durch zusätzliche Differenzierung die Möglichkeit berücksichtigen, bestimmte Aggregate mit unterschiedlicher Intensität zu fahren.

Welches der beiden in diesem Abschnitt beschriebenen Modelle in einem konkreten Falle herangezogen werden sollte, hängt von den Gegebenheiten dieses konkreten Falles ab. Beide Modelle enthalten Ganzzahligkeitsvariable. Das bedeutet: Die Verfahren der einfachen linearen Optimierung reichen hier nicht aus. Die Methoden, die zur Lösung ganzzahliger Programme entwickelt wurden, führen aber nicht in jedem Falle — insbesondere dann nicht, wenn die Zahl der Variablen groß ist, oder auch die Struktur der Ausgangsdaten ungünstig ist — zu einem Ergebnis. Je nachdem, wie das Problem gelagert ist, wird darum der eine oder auch der andere Weg eher zum Ziel führen. Während das in Abschnitt III B 1 beschriebene Modell nur 0-1-Variable enthält, können die Ganzzahligkeitsvariablen des in Abschnitt III B 2 beschriebenen Modells beliebige positive ganzzahlige Werte annehmen. Das Modell des Abschnittes III B 1 macht gewisse Approximationen erforderlich, auf die im Rahmen des Modelles III B 2 verzichtet werden kann. Modell III B 2 bietet ferner den Vorteil, daß zunächst eine Lösung ohne Berücksichtigung der Ganzzahligkeitsbedingung mit Hilfe der einfachen linearen Optimierungsrechnung gewonnen werden kann. Ausgehend von dieser nicht ganzzahligen Lösung können dann verschiedene ganzzahlige Kombinationen der Variablen getestet werden. Ein Vergleich des Gewinnes der ganzzahligen Lösungen mit dem Gewinn der nicht ganzzahligen Lösung zeigt, wie gut diese ganzzahligen Lösungen jeweils sind, wie nahe sie dem absoluten Optimum (ohne Berücksichtigung der Ganzzahligkeitsbedingung) kommen. Man wird so lange neue ganzzahlige Kombinationen testen, bis die Differenz zwischen dem absoluten Gewinn und dem effektiv realisierbaren klein genug erscheint.

Verzeichnis der Symbole

a	Koeffizient der Kostenfunktion eines Betriebes;
$\bar{a}_{gi}$	Ganzzahligkeitsvariable, die beliebig positive ganzzahlige Werte annehmen kann, d. h. Variable, die die Anzahl der Aggregate i, die am Standort g eingesetzt werden sollen, bestimmt;
A_{gi}	Anschaffungskosten des Aggregates i, das im Betrieb (Standort) g aufgestellt werden soll;
A^*_{gi}	Auf die Betrachtungsperiode bezogene anteilige Anschaffungskosten des Aggregates i, das im Betrieb g aufgestellt werden soll;
b	Koeffizient der Kostenfunktion eines Betriebes;
B	Das in der Betrachtungsperiode zur Verfügung stehende Kapital;
$\bar{B}_g$	Zusätzlich zur Verfügung stehendes Kapital, falls der Betrieb (im Standort) g errichtet wird;
c	Durchschnittliche Effektivverzinsung der Finanzinvestitionen;
C	Kapitalbedarf;
$C_{r,opt}$	Rentabilitätsoptimaler Kapitalbedarf;
C^0	Fixer Kapitalbedarf;
C^0_g	Fixer Kapitalbedarf bei Errichtung des Betriebes g (= Anlaufkosten);
$\bar{C}^0_g$	Die auf den Betrachtungszeitraum anteilig entfallenden Anlaufkosten (= anteiliger Kapitalbedarf) bei Errichtung des Betriebes g;
$C'_{g\nu}$	(Durchschnittlicher) Grenzkapitalbedarf für die Durchführung der Produktion im Produktionsintervall ν des Betriebes g (Modell I A);
D	Die Ausdehnung des Marktgebietes (gemessen in einer bestimmten, in einem konkreten Falle jeweils gleichen Richtung);
D_{opt}	Gewinnoptimale Ausdehnung des Marktgebietes;
$D_{r,opt}$	Rentabilitätsoptimale Ausdehnung des Marktgebietes;
e	Faktor zur Quantifizierung des Transportkostensatzes (in der Dimension Geldeinheit [GE] zu Mengeneinheit [ME] und Flächeneinheit [FE]);
E_h	Erlös auf Teilmarkt h;
E'_h	Grenzerlös auf Teilmarkt h;
$\bar{E}'_h$	Modifizierter Grenzerlös auf Teilmarkt h (= Grenzerlös vermindert um die Grenztransportkosten);
f_{gizr}	Proportionalitätsfaktor zur Berechnung des Verbrauchs an Einsatzmaterial r für die Produktion einer Einheit des Erzeugnisses z, hergestellt auf dem Aggregat i in Betrieb g;
f_{gjsizr}	Proportionalitätsfaktor zur Berechnung des Verbrauchs an Einsatzmaterial r für die Produktion einer Einheit des Erzeugnisses z, hergestellt auf dem Aggregat i in der Produktionsstufe s mit der Intensität j in Betrieb g;
F	Fixe Kosten;
F_{gi}	Die durch das Vorhandensein der Anlage i am Standort g entstehenden fixen Kosten;
$F_{g\nu}$	Fixe Kosten des Verfahrens bzw. Produktionsintervalls ν in Betrieb g;
g	Index des Betriebes (= Standortes); $g = 1, 2, \ldots N$;
G	Gewinn;
G'	Grenzgewinn;
h	Index des Teilmarktes; $h = 1, 2, \ldots, n$;

$H_{g\nu}$	Menge des Produktes, die (effektiv) im Produktionsintervall ν des Betriebes g hergestellt wird;
$H_{gz\nu}$	Die im Betrieb g im P r o d u k t i o n s i n t e r v a l l ν (effektiv) hergestellte Menge des Produktes z (Modell I A);
$H^{\circ}_{g\nu}$	Größe des Produktionsintervalls ν des Betriebes g, ausgedrückt in Mengeneinheiten;
$H^{\circ}_{gz\nu}$	Größe des Produktionsintervalls ν des Betriebes g, ausgedrückt in Mengeneinheiten des Produktes z;
i	Index des Aggregates; i = 1, 2, ... I;
i_0	Vorgegebene Rentabilitätsgrenze;
j	Index der Produktionsintensität eines Aggregates; j = 1, 2, ... J;
$k_{g\nu}$	Variable Stückkosten im Produktionsintervall ν des Betriebes g;
k_{gzi}	Variable Stückkosten bei der Produktion des Produktes z auf Aggregat i in Betrieb g;
$k_{gz\nu}$	Variable Stückkosten im Produktionsintervall ν bei der Produktion des Produktes z in Betrieb g (Modell I A);
k_{gzisj}	Variable Stückkosten, die im Betrieb g bei der Produktion des Produktes z auf dem in der Produktionsstufe s mit einer Intensität von j gefahrenen Aggregat entstehen;
K	Produktionskosten;
K'	Grenzproduktionskosten;
$\overline{K}'_{g\nu}$	(Durchschnittliche) Grenzkosten im Produktionsintervall ν des Betriebes g;
L	Beliebige, sehr große Zahl; z. B. 10^9;
m	Neigung der Preis-Absatz-Funktion;
m_h	Neigung der Preis-Absatz-Funktion des Teilmarktes h;
$M_{h\mu}$	Die Menge eines Produktes, die im Marktintervall (= Absatzintervall) μ des Teilmarktes h abgesetzt wird;
$M_{hz\mu}$	Die Menge des Produktes z, die im Marktintervall (= Absatzintervall) μ des Teilmarktes h abgesetzt wird;
$M^{\circ}_{h\mu}$	Größe des Marktintervalls μ des Teilmarktes h, ausgedrückt in Mengeneinheiten des verkauften Produktes;
$M^{\circ}_{hz\mu}$	Größe des Marktintervalls μ des Teilmarktes h, ausgedrückt in Mengeneinheiten des Produktes z;
P_h	Verkaufspreis auf dem Teilmarkt h;
P_{zh}	Verkaufspreis des auf Markt h abgesetzten Produktes z;
P_{opt}	Der optimale Verkaufspreis;
P^*_{zh}	Transformierter Verkaufspreis (= der um die Stücktransportkosten T^*_{zh} verminderte Verkaufspreis P_{zh}) des auf Markt h abgesetzten Produktes z;
P	Verkaufspreis für den Fall, daß das Unternehmen — unabhängig von den räumlichen Gegebenheiten — auf dem gesamten Marktgebiet von den Abnehmern den gleichen Preis verlangt (= einheitlicher Verkaufspreis für das gesamte Marktgebiet);
P_{opt}	Der gewinnoptimale einheitliche Verkaufspreis (zu „einheitlich": vgl. die Ausführungen zu P);
$P_{r,opt}$	Der rentabilitätsoptimale einheitliche Verkaufspreis (zu „einheitlich": vgl. die Ausführungen zu P);
P_0	Der Prohibitivpreis;

P_{oh} Der Prohibitivpreis des Teilmarktes h;

$q_{gr\varrho}$ Preis, der vom Betrieb g für den Einkauf des Einsatzmaterials r im Beschaffungsintervall ϱ entrichtet werden muß;

$Q_{gr\varrho}$ Menge des im Beschaffungsmarktintervall ϱ von Betrieb g einzukaufenden Einsatzmaterials r;

$Q^{\circ}_{gr\varrho}$ Größe des Beschaffungsmarktintervalls ϱ, von dem der Betrieb g das Einsatzmaterial r bezieht, ausgedrückt in Mengeneinheiten;

r   Index des Einsatzmaterials; r = 1, 2, ..., R*;

R   Für Finanzinvestitionen verfügbarer Kapitalbetrag;

s   Index der Produktionsstufe; s = 1, 2, ..., S;

t   Produktionszeit, die für die Produktion des Produktes z auf Aggregat i in Betrieb g benötigt wird;

t_{gzjsi} Produktionszeit, die für die Produktion des Produktes z auf dem Aggregat i in der Produktionsstufe s bei einer Intensität von j in Betrieb g benötigt wird;

T   Gesamttransportkosten;

T^{*}_{zh} Kosten des Transports einer Mengeneinheit (= Stücktransportkosten) des Produktes z zum Teilmarkt h;

T^{*}_{gh} Kosten des Transports einer Mengeneinheit (= Stücktransportkosten) des vom Betrieb g zum Teilmarkt h transportierten Produktes;

T^{*}_{ghz} Kosten des Transports einer Mengeneinheit (= Stücktransportkosten) des vom Betrieb g zum Teilmarkt h transportierten Produktes z;

T' Grenztransportkosten;

T'_h Grenztransportkosten der zum Teilmarkt h zu transportierenden Menge eines Produktes;

$\overline{T}_{gi}$ Verfügbare Zeitkapazität im Betrieb g auf dem Aggregat i;

$u_{g\nu}$ Ganzzahligkeitsvariable, die den Wert 1 annimmt, falls im Produktionsintervall ν des Betriebs g produziert wird;

u'_{gz} Finanzierungsfaktor der variablen Kosten der Produktion (ohne Materialkosten) für das Produkt z in Betrieb g;

$\bar{u}'_g$ Finanzierungsfaktor der fixen Kosten im Betrieb g

u''_{gr} Finanzierungsfaktor der Materialkosten für das Material r in Betrieb g;

$U'_{h\mu}$ (Durchschnittlicher) Grenzerlös im Marktintervall μ des Marktes h;

$U'_{hz\mu}$ (Durchschnittlicher) Grenzerlös des Produktes z im Marktintervall μ des Marktes h;

v_g Ganzzahligkeitsvariable, die den Wert 1 annimmt, falls der Betrieb g errichtet wird;

w_h Ganzzahligkeitsvariable, die den Wert 1 annimmt, falls der Markt h beliefert wird;

x   Herstell- bzw. Absatzmenge eines Produktes (Teil II);

x_h Produzierte und auf Teilmarkt h abgesetzte Menge eines Produktes (Teil II);

x_{opt} Gewinnoptimale Herstell- bzw. Absatzmenge eines Produktes (Teil II);

x_z Gesamte produzierte und abgesetzte Menge des Produktes z (Teil II);

x_{zh} Produzierte und auf Teilmarkt h abgesetzte Menge des Produktes z (Teil II);

$x_{r,opt}$	Rentabilitätsoptimale Herstell- bzw. Absatzmenge eines Produktes (Teil II);
x_{gzi}	Produktionsleistung, die das Aggregat i pro Zeiteinheit bei der Bearbeitung des Produktes z in Betrieb g erbringt (Teil III);
x_{gzjsi}	Produktionsleistung, die das Aggregat i pro Zeiteinheit in der Produktionsstufe s bei einer Intensität von j bei der Bearbeitung des Produktes z in Betrieb g erbringt (Teil III);
X_{gh}	Menge des Produktes, die der Betrieb g an den Teilmarkt h liefert (Teil III);
X_{ghz}	Menge des Produktes z, die der Betrieb g an den Teilmarkt h liefert (Teil III);
z	Index des Produktes; $z = 1, 2, \ldots, z'$;
α	Koeffizient der Kapitalbedarfsfunktion eines Betriebes;
μ	Index des Marktintervalls (Absatzintervalls); $\mu = 1, 2, \ldots V$;
ν	Index des Produktionsintervalls bzw. Verfahrens; $\nu = 1, 2, \ldots, \nu_0, \ldots 1$;
ν_m	Kennzeichen für ein jeweilig aus der Reihe $\nu = 1, 2, \ldots, 1$ herausgegriffenes Produktionsintervall 1, bis zu dem im konkreten Fall aufsummiert wird;
ν_0	Index des ersten Produktionsintervalls nach dem Wendepunkt der langfristigen Kostenkurve;
ϱ	Index des Marktintervalls des Beschaffungsmarktes; $\varrho = 1, 2, \ldots \Phi$;

Schriftenreihe des Instituts für Unternehmensforschung und des Industrieseminars der Universität Hamburg

Herausgegeben von Prof Dr. Herbert Jacob, Hamburg

Die Reihe wird fortgesetzt. Die Bände können einzeln bezogen werden.

Betriebswirtschaftlicher Verlag Dr. Th. Gabler · Wiesbaden

Schriften zur Unternehmensführung

Herausgegeben von Prof. Dr. Herbert Jacob

Die Reihe wird fortgesetzt. Die Bände können einzeln bezogen werden.

Betriebswirtschaftlicher Verlag Dr. Th. Gabler · Wiesbaden